Test- und Übungsbuch zur deutschen Grammatik

Heinz Griesbach

VERLAG FÜR DEUTSCH

HINWEISE

Mit dem *Test- und Übungsbuch zur deutschen Grammatik* können Sie Ihre Deutschkenntnisse jederzeit selbst kontrollieren und erweitern. Das Buch enthält alle wichtigen sprachlichen und grammatischen Formen des Deutschen, die Sie im Anfangs- und Fortgeschrittenenunterricht kennengelernt haben.

Das *Test- und Übungsbuch zur deutschen Grammatik* ist unabhängig von Lehrwerken oder Sprachkursen benutzbar und enthält das Grammatik-Inventar, wie es vom Rat für kulturelle Zusammenarbeit im Europarat (vgl. *Kontaktschwelle Deutsch als Fremdsprache*, Langenscheidt-Verlag, Berlin/München 1981) und vom Deutschen Volkshochschul-Verband e. V. (vgl. *Das Zertifikat Deutsch als Fremdsprache*, Deutscher Volkshochschul-Verband e. V., Bonn-Bad Godesberg, und Goethe-Institut zur Pflege der deutschen Sprache im Ausland und zur Förderung der internationalen kulturellen Zusammenarbeit e. V., München 1977) empfohlen worden ist.

Das Inhaltsverzeichnis (S. 3) zeigt Ihnen die Gliederung des Buches nach sprachlichen und grammatischen Kategorien. Der *Index nach Problemgruppen* (S. 7) gibt Ihnen die Möglichkeit, Ihr eigenes Test- und Übungsprogramm aufzustellen.

Zusammen mit den *Regeln aus der deutschen Grammatik* (Verlag für Deutsch, München) bietet das Test- und Übungsbuch ein vollständiges Wiederholungs- und Weiterbildungsprogramm bis zu Oberstufenkenntnissen.

Autor und Verlag möchten Ihnen mit diesem Buch einen zuverlässigen Helfer für Ihre Arbeit im Deutschen in die Hand geben und wünschen Ihnen viel Erfolg.

T 5 bedeutet: Testübung 5.
→ **R 10** bedeutet: Vergleichen Sie die Regel 10 in dem Buch *Regeln aus der deutschen Grammatik*.

ISBN 3–88532–601–9

4. 3. 2. Druck | Letzte Zahlen
1987 86 85 84 | gelten

Satz: J. Franz, Pfaffenhofen/Ilm
Druck: Sulzberg-Druck GmbH, Sulzberg im Allgäu
Printed in the Federal Republic of Germany

Inhalt

Index nach Problemgruppen

Verben

Funktionen im Satz

Funktionszeichen

Gliedsätze

Fragepronomen

„Welch-?“ oder „Was für?“ → T 239
„Wieviel?“ oder „Wie viele?“ → T 240

Die Komparation → T 241 – T 244

Das Nomen: Nomenklassen → T 245 – T 247, Deklinationsformen → T 248 – T 250, Pluralformen → T 251, T 252, Die „Großschreibung“ der Nomen → T 253

Satzsysteme

T 1 *Beginnen Sie die Sätze mit einem großen Anfangsbuchstaben, und schließen Sie sie mit einem Punkt (.) ab. Grenzen Sie die Nebensätze innerhalb eines Satzes durch Komma (,) ab!*

1. der erste Grieche der zu Beginn des 3. Jahrhunderts v. Chr. die Gezeiten im Atlantik beobachtete war der Seefahrer und Astronom Pytheas der auch die richtige Erklärung für sie gab er war seiner Zeit um 2000 Jahre voraus denn es dauerte lange bis die Gezeiten (von Newton) zutreffend auf den Einfluß des Mondes zurückgeführt wurden bis in Newtons Zeit weigerten sich die meisten Gelehrten zu glauben daß der Mond irgendeine Auswirkung auf den Ozean haben könnte besonders weil Ebbe und Flut auch stattfanden wenn der Mond nicht am Himmel sichtbar war

2. der deutsche Wissenschaftler Rudolf Virchow (1821–1902) der sich als erster mit Krebsforschung auf wissenschaftlicher Grundlage befaßte war absolut gegen die Krankheitskeimtheorie die von Pasteur vertreten wurde anstatt zuzugeben daß er in diesem Punkt unrecht und Pasteur recht hatte gab Virchow der praktisch die Wissenschaft der Pathologie begründet und bedeutende Fortschritte in der Anthropologie erzielt hatte die Wissenschaft auf und ging in die Politik

Zur Kontrolle

T 1: 1. Der erste Grieche, der ... beobachtete, war ... Pytheas, der ... gab. Er war ... voraus, denn ... lange, bis die Gezeiten ... wurden. Bis ... glauben, daß der Mond ... haben könnte, besonders weil ... stattfanden, wenn der Mond ... war.

2. Der deutsche ... Virchow (1821–1902), der sich ... befaßte, war ... Krankheitskeimtheorie, die ... wurde. Anstatt zuzugeben, daß er ... hatte, gab Virchow, der ... erzielt hatte, die Wissenschaft ... Politik.

Beim schriftlichen Ausdruck sind Interpunktionszeichen (.,;?!) und die Großschreibung von Anfangsbuchstaben optische Hilfen, Lesehilfen für einen Text. Beim mündlichen Ausdruck machen Intonation, Artikulation und Betonung den Sinninhalt einer Äußerung verständlich. → R 134, R 143

Der Satz

T2 *Setzen Sie die Personalformen in die Sätze ein!*

1. *haben:* Die heftigen Schneefälle der vergangenen Nacht auf den Straßen im Voralpengebiet zu erheblichen Verkehrsbehinderungen geführt. **2.** *konnten:* Nur durch den ständigen Einsatz der Räumfahrzeuge die Straßen passierbar gemacht werden. **3.** *seid:* Wie lange ihr mit eurem Auto unterwegs gewesen? **4.** *sind:* Sie unterwegs in keinen Stau gekommen? **5.** *muß:* Es auf den Straßen ein ziemliches Verkehrschaos entstanden sein. **6.** *meldeten/habe:* Die Zeitungen, daß sich die Verkehrslage inzwischen wieder normalisiert. **7.** *sagte/wird:* Peter, daß er die Schwierigkeiten mit seiner Arbeit bald überwinden können. **8.** *sollten/wünsche:* wir uns vor den Feiertagen nicht mehr sehen, ich Ihnen schon jetzt ein gesegnetes Weihnachtsfest und ein glückliches neues Jahr. **9.** *hättest:* du heute nicht etwas früher kommen können? **10.** *soll:* Wie lange ich noch mit dem Essen warten? **11.** *meinte/müßten:* Holger, daß unsere Freunde inzwischen schon auf dem Bahnhof angekommen sein. **12.** *glaube/war/ist:* Ich, daß es Toni, der gestern nach Mitternacht heimgekommen. **13.** *stimmt/hast:* es, daß du Toni nach Mitternacht nach Hause kommen hören? **14.** *erzählten/haben:* Die Leute, daß sie vor den Feiertagen jeden Sonnabend arbeiten müssen. **15.** *werden:* Ob wir wohl bald Post von Klaus aus Amerika bekommen? **16.** *ist/haben:* Wie lange es denn schon her, daß wir von ihr einen Brief bekommen? **17.** *meinte/hätten:* Kurt, daß wir gestern auf ihn warten sollen. **18.** *gib/bist:* mir bitte Nachricht, wenn du in Berlin angekommen! **19.** *war/habe:* Gestern ich im Theater und Inge dort getroffen. **20.** *gingen/brachte:* Nach dem Theater wir in ein Restaurant zum Essen, und danach ich sie mit meinem Wagen nach Hause.

Zur Kontrolle

T2: 1. ... haben auf den Straßen ... 2. ... konnten die Straßen ... 3. ... seid ihr ... 4. Sind Sie ... 5. Es muß ... 6. Die Zeitungen meldeten, ... normalisiert habe. 7. Peter sagte, ... wird überwinden können. 8. Sollten wir uns ..., wünsche ich ... 9. Hättest du ... 10. ... soll ich ... 11. Holger meinte, ... angekommen sein müßten. 12. Ich glaube, ... Toni war, ... heimgekommen ist. 13. Stimmt es, ... hast nach Hause kommen hören? 14. Die Leute erzählten, ... haben arbeiten müssen. 15. ... bekommen werden? 16. ... ist es denn ..., ... bekommen haben? 17. Kurt meinte, ... auf ihn hätten ... 18. Gib mir bitte ..., ... angekommen bist! 19. Gestern war ich... und habe ... 20. ... gingen wir ..., und danach brachte ich sie ...

→ R 81, R 109, R 114, R 115, R 126, R 132 und die Tabellen *Satzformen* Seite 62, *Der deutsche Satzbau* Seite 40 und *Satzbaulineal* Seite 65.

Die Personalform des Verbs besetzt am Anfang des Satzes die 1. Prädikatsstelle (P^1); sie steht bei Entscheidungsfragen (→ R 80), bei Imperativsätzen (→ R 16) und bei Nebensätzen ohne einleitende Konjunktion (→ R 81) an der Spitze des Satzes; bei Mitteilungssätzen und bei Sätzen mit Ergänzungsfragen (→ R 81) steht sie hinter dem satzeinleitenden Satzglied bzw. der satzeinleitenden Frage (vgl. Vorfeld R 109).
Bei Nebensätzen, die mit einem Verbindungsteil eingeleitet werden (→ R 116), steht die Personalform am Ende des Satzes bei den Prädikatsteilen. Wenn das Prädikat zwei Infinitive enthält, steht die Personalform vor den Infinitiven bzw. vor der Prädikatsergänzung (→ R 88, R 125).

Satzbau

Vorfeld – Satzfeld – Nachfeld

T 3 *Setzen Sie die Verben als Prädikate ein, und bilden Sie dabei die Perfektformen!*

1. *kommen:* ich mit sechs Jahren in die Schule 2. *verlassen:* mit fünfzehn Jahren ich die Schule 3. *bekommen:* anschließend ich eine Lehrstelle bei einer Elektrofirma 4. *lernen:* ich dort drei Jahre 5. *besuchen:* während meiner Lehrzeit ich auch die Berufsschule 6. *machen / eintreten:* am Ende meiner Lehrzeit ich die Gesellenprüfung und dann in eine große Fabrik für elektrotechnische Geräte 7. *machen:* nach vier Gesellenjahren ich dann meine Meisterprüfung 8. *übernehmen:* jetzt ich das Geschäft meines Vaters

T 4 *Setzen Sie die Verben als Prädikate ein!*

1. *umtauschen wollen:* Irene heute ihre neue Bluse, die sie zu Weihnachten bekommen hat 2. *ausfüllen* (Perfekt): das Formular, das mir der Beamte gegeben hat, ich noch nicht 3. *aufräumen* (Perfekt): wir das Zimmer, in dem wir die Party gefeiert haben, zwei Stunden lang 4. *sich unterhalten* (Perfekt): ich mit deinen Kollegen sehr angeregt über Politik 5. *anziehen:* was du heute abend, wenn wir ins Theater gehen 6. *aussehen:* in diesem Kleid du sehr nett 7. *vorstellen:* wenn der Chef kommt, Sie mich ihm bitte! 8. *anrufen* (Perfekt): als ich nach Hause kam, ich sofort meinen Vater 9. *mitfahren wollen / mitbringen müssen / fahren wollen:* wenn du mit uns, du auch deinen Paß, weil wir über die Grenze nach Österreich 10. *zurückkommen* (Futur): wißt ihr schon, wann wir wieder von unserem Ausflug nach Österreich?

Zur Kontrolle

T 3: 1. Ich bin ... gekommen. 2. Mit fünfzehn Jahren habe ich ... verlassen. 3. Anschließend habe ich ... bekommen. 4. Ich habe ... gelernt. 5. Während meiner Lehrzeit habe ich ... besucht. 6. Am Ende meiner Lehrzeit habe ich ... gemacht und bin dann ... eingetreten. 7. Nach vier Gesellenjahren habe ich ... gemacht. 8. Jetzt habe ich ... übernommen.

T 4: 1. Irene will heute ... umtauschen, die sie ... 2. Das Formular, das ... hat, habe ich ... ausgefüllt. 3. Wir haben das Zimmer, ..., ... aufgeräumt. 4. Ich habe mich mit ... unterhalten. 5. Was ziehst du heute abend an, wenn ...? 6. In diesem Kleid siehst du ... aus. 7. Wenn ... kommt, stellen Sie ... vor! 8. Als ... kam, habe ich ... angerufen. 9. Wenn du ... mitfahren willst, mußt du ... mitbringen, weil ... fahren wollen. 10. Wißt ihr schon, wann ... zurückkommen werden?

→ R 109, R 110, R 112, R 115, R 116

T5 *Folgende Sätze haben ihren höchsten Informationswert im Prädikat. Der Satzton liegt dementsprechend auf dem Prädikat (→ R 138). Ändern Sie diese Sätze so, daß sich der höchste Informationswert auf die angegebenen Satzglieder verlagert, indem Sie das betreffende Satzglied in den Informationsbereich stellen und ihm den Satzton übertragen! Die Wortsilbe, die den Satzton trägt, ist fett gedruckt.*

1. Wahrscheinlich hat Paul gestern seiner Freundin die Urlaubsfotos gegeben.
   a) die Urlaubsfotos b) seiner **Freun**din c) **ge**stern d) gestern seiner **Freun**din e) **Paul** seiner **Freun**din
2. Sicher wird Helmut morgen seinen Eltern die Sachen **brin**gen.
   a) die **Sa**chen b) seinen **El**tern c) **mor**gen d) **mor**gen die **Sa**chen
3. Habt ihr gestern den Kindern den Ball ge**schenkt**?
   a) den **Ball** b) den **Kin**dern c) **ge**stern d) **ge**stern den **Ball** e) **ge**stern den **Kin**dern
4. Ich glaube, daß Peter nächste Woche seinem Freund das Geld **zurück**bringen wird.
   a) das **Geld** b) seinem **Freund** c) nächste **Wo**che d) **näch**ste Woche das **Geld** e) **näch**ste Woche seinem **Freund** f) **Pe**ter seinem Freund das **Geld**
5. Weißt du, ob sich Petra heute bei ihren Eltern für das Geburtstagsgeschenk be**dankt** hat?
   a) **heu**te b) **Pe**tra bei ihren **El**tern c) für das Ge**burts**tagsgeschenk
6. Hat Heinz heute seinen Vater um Taschengeld ge**be**ten?
   a) um **Ta**schengeld b) **heu**te c) **Heinz** seinen **Va**ter
7. Ich sagte dir doch, daß ich bereits am Sonntag Onkel Fritz auf seinen Brief ge**ant**wortet habe.
   a) bereits am **Sonn**tag b) Onkel **Fritz** c) auf seinen **Brief**
8. Die Polizei meldete, daß der Verdächtige gestern nacht von einigen Passanten be**ob**achtet worden sei.
   a) gestern **nacht** b) der Ver**däch**tige c) von einigen Pas**san**ten
9. Herbert erzählte, daß die Flugzeuge gestern wegen starken Nebels in Nürnberg nicht **lan**den konnten.
   a) in **Nürn**berg b) wegen starken **Ne**bels c) **ge**stern
10. Hat Herr Krüger neulich seiner Nachbarin die schönen Blumen **schi**cken lassen?
   a) die schönen **Blu**men b) seiner **Nach**barin c) **neu**lich d) **neu**lich seiner **Nach**barin e) Herr **Krü**ger seiner Nachbarin die schönen **Blu**men f) Herr **Krü**ger seiner Nachbarin

Zur Kontrolle

T 5: 1. a) ... hat Paul gestern seiner Freundin | die **Ur**laubsfotos gegeben. b) ... hat Paul gestern die Urlaubsfotos | seiner **Freun**din gegeben. c) ... hat Paul seiner Freundin die Urlaubsfotos | **ges**tern gegeben. d) ... hat Paul die Urlaubsfotos | gestern seiner **Freun**din gegeben. e) ... hat gestern die Urlaubsfotos | **Paul** seiner **Freun**din gegeben.

2. a) ... wird Helmut morgen seinen Eltern | die **Sa**chen bringen. b) ... wird Helmut morgen die Sachen | seinen **El**tern bringen. c) ... wird Helmut seinen Eltern die Sachen | **mor**gen bringen. d) ... wird Helmut seinen Eltern | **mor**gen die **Sa**chen bringen.

3. a) Habt ihr gestern den Kindern | den **Ball** geschenkt? b) Habt ihr gestern den Ball | den **Kin**dern geschenkt? c) Habt ihr den Kindern den Ball | **ges**tern geschenkt? d) Habt ihr den Kindern | **ges**tern den **Ball** geschenkt? e) Habt ihr den Ball | **ges**tern den **Kin**dern geschenkt?

4. a) ..., daß Peter nächste Woche seinem Freund | das **Geld** zurückbringen wird. b) ..., daß Peter nächste Woche das Geld | seinem **Freund** zurückbringen wird. c) ... daß Peter seinem Freund das Geld | nächste **Wo**che zurückbringen wird. d) ..., daß Peter seinem Freund | **näch**ste Woche das **Geld** zurückbringen wird. e) ..., daß Peter das Geld | **näch**ste Woche seinem **Freund** zurückbringen wird. f) ..., daß nächste Woche | **Pe**ter seinem Freund das **Geld** zurückbringen wird.

5. a) ..., ob sich Petra bei ihren Eltern | **heu**te für das Geburtstagsgeschenk bedankt hat? b) ... ob sich heute | **Pe**tra bei ihren **El**tern für das Geburtstagsgeschenk bedankt hat? c) ..., ob sich Petra heute bei ihren Eltern | für das Ge**burts**tagsgeschenk bedankt hat?

6. a) Hat Heinz heute seinen Vater | um **Ta**schengeld gebeten? b) Hat Heinz seinen Vater | **heu**te um Taschengeld gebeten? c) Hat heute | **Heinz** seinen **Va**ter um Taschengeld gebeten?

7. a) ..., daß ich Onkel Fritz | bereits am **Sonn**tag auf seinen Brief geantwortet habe. b) ..., daß ich bereits am Sonntag | Onkel **Fritz** auf seinen Brief geantwortet habe. c) ..., daß ich bereits am Sonntag Onkel Fritz | auf seinen **Brief** geantwortet habe.

8. a) ..., daß der Verdächtige von einigen Passanten | gestern **nacht** beobachtet worden sei. b) ..., daß gestern nacht von einigen Passanten | der Ver**däch**tige beobachtet worden sei. c) ..., daß der Verdächtige gestern nacht | von einigen Pas**san**ten beobachtet worden sei.

9. a) ..., daß die Flugzeuge gestern wegen starken Nebels | in Nürnberg nicht landen konnten. b) ..., daß die Flugzeuge gestern in Nürnberg | wegen starken **Ne**bels nicht landen konnten. c) ..., daß die Flugzeuge wegen starken Nebels in Nürnberg | **ges**tern nicht landen konnten.

10. a) Hat Herr Krüger neulich seiner Nachbarin | die schönen **Blu**men schicken lassen? b) Hat Herr Krüger neulich die schönen Blumen | seiner **Nach**barin schicken lassen? c) Hat Herr Krüger seiner Nachbarin die schönen Blumen | **neu**lich schicken lassen? d) Hat Herr Krüger die schönen Blumen | **neu**lich seiner **Nach**barin schicken lassen? e) Hat neulich | Herr **Krü**ger seiner Nachbarin die schönen **Blu**men schicken lassen? f) Hat neulich die schönen Blumen | Herr **Krü**ger seiner Nachbarin schicken lassen?

→ R 117, R 119, R 138 und *Satzbaulineal* Seite 65

Bemerkung: Die senkrechten Striche teilen hier den Informationsbereich optisch vom Kontaktbereich ab.

Beim mündlichen Ausdruck kann das Satzglied mit dem höchsten Informationswert nur durch den Unterscheidungston (→ R 142) hervorgehoben werden. Man kann dabei auf die Umstellung in den Informationsbereich verzichten.
Beim schriftlichen Ausdruck ist die Umstellung in den Informationsbereich erforderlich. Bei der mündlichen Wiedergabe eines schriftlichen Textes erhält das umgestellte Satzglied automatisch den Unterscheidungston.
Wenn zwei oder drei Satzglieder in den Informationsbereich gestellt werden, erhält das erste der umgestellten Satzglieder den Unterscheidungston. Der Satzton (→ R 138), der immer von dem Unterscheidungston überlagert wird, verbleibt auf dem für ihn vorgesehenen Satzglied.

Satzstrukturen (Rektion der Verben)

Zweigliedrige Satzstrukturen

T 6 *Bilden Sie Sätze!*

1. Präsens: *laufen* / die Maschine 2. Präsens: *tauen* / der Schnee 3. Präsens: **auf***rüsten* / die Staaten 4. Präsens: *schlafen* / die Gäste 5. Perfekt: **stehen***bleiben* / meine Armbanduhr 6. Präsens: **ab***fahren* / unser Zug 7. Präsens: *drücken* / meine neuen Schuhe 8. Perfekt: *lügen* / der Junge

T 7 *Wiederholen Sie T 6, und fügen Sie die strukturunabhängigen Angaben ins Satzfeld ein!*

1. seit einer Stunde 2. seit gestern 3. trotz laufender Abrüstungsverhandlungen 4. noch 5. vor zwei Minuten 6. soeben 7. vorn an der Spitze 8. trotz aller Ermahnungen / dennoch

T 8 *Wie T 6!*

1. Perfekt: *fallen* / die Temperatur 2. Perfekt: **nach***lassen* / der Regen 3. Perfekt: *glücken* / das Experiment 4. Präsens: **auf***ziehen* / ein Gewitter 5. Präsens: **um***gehen* / Gerüchte

T 9 *Wiederholen Sie T 8, und leiten Sie den Satz mit einer strukturunabhängigen Angabe im Vorfeld (→ R 109) ein!*

1. seit gestern 2. heute früh 3. nach verschiedenen vergeblichen Versuchen 4. von Westen her 5. in der Stadt

Zur Kontrolle

T 6: 1. Die Maschine läuft. 2. Der Schnee taut. 3. Die Staaten rüsten auf. 4. Die Gäste schlafen. 5. Meine Armbanduhr ist stehengeblieben. 6. Unser Zug fährt ab. 7. Meine neuen Schuhe drücken. 8. Der Junge hat gelogen.

T 7: 1. ... seit einer Stunde. 2. ... seit gestern. 3. ... rüsten trotz laufender Abrüstungsverhandlungen auf. 4. ... noch. 5. ... ist vor zwei Minuten stehengeblieben. 6. ... fährt soeben ab. 7. ... vorn an der Spitze. 8. ... hat trotz aller Ermahnungen dennoch gelogen.

T 8: 1. Die Temperatur ist gefallen. 2. Der Regen hat nachgelassen. 3. Das Experiment ist geglückt. 4. Ein Gewitter zieht auf. 5. Gerüchte gehen um.

T 9: 1. Seit gestern ist ... gefallen. 2. Heute früh hat der Regen nachgelassen. 3. Nach verschiedenen vergeblichen Versuchen ist das Experiment geglückt. 4. Von Westen her zieht ein Gewitter auf. 5. In der Stadt gehen Gerüchte um.
→ R 107: Die Sätze haben eine *zweigliedrige Grundstruktur:* Prädikat + Subjekt. Die Angaben (→ R 100) geben an, wann, wo oder wie das im Satz beschriebene Geschehen abläuft (temporal, lokal, modal).
→ R 109

Dreigliedrige Satzstrukturen

T 10 *Bilden Sie Sätze!*

1. Perfekt: *entlassen* / unsere Firma / ein Mitarbeiter 2. Perfekt: **ab***sperren* / die Polizei / die Straße 3. Perfekt: **an***rufen* / Peter / ich 4. Futur: **wieder***sehen* / ich / mein alter Schulfreund 5. Präsens: *reparieren können* / wer? / unser Fernseher 6. Perfekt: *verstärken* / die Polizei / die Straßenkontrollen 7. Präsens: *beeinflussen* / die Werbesendungen des Rundfunks / die Käufer 8. Präsens: *beleuchten* / die Scheinwerfer / das alte Schloß 9. Präsens: *verschmutzen* / die Industrieabwässer / die Flüsse und Seen in unserem Land 10. Präsens: *gefährden* / der ständig wachsende Straßenverkehr / unsere Kinder

T 11 *Wiederholen Sie T 10, und setzen Sie die strukturunabhängigen Angaben ins Satzfeld ein!*

1. letzte Woche 2. seit heute früh 3. gestern abend 4. nächste Woche / in München 5. heute 6. während der Hauptreisezeit im Sommer 7. mit primitiven psychologischen Mitteln 8. an den Festtagen 9. ständig 10. im höchsten Maße

T 12 *Wiederholen Sie T 11, und leiten Sie die Sätze mit den Angaben im Vorfeld ein!*

T 13 *Bilden Sie Sätze!*

1. Präsens: **auf***regen* / deine ständige Angst vor den Prüfungen / ich 2. Präsens: *entlasten sollen* / die neue Umgehungsstraße / der Verkehr durch die Stadt 3. Präsens: *ängstigen* / deine unnötige Drohung / der Junge 4. Perfekt: *verzögern* / eine Schlechtwetterfront / die Ankunft der Verkehrsmaschine 5. Präsens: *betrüben* / die schlechte Nachricht / ich

Zur Kontrolle:

T 10: 1. Unsere Firma hat einen Mitarbeiter entlassen. 2. Die Polizei hat die Straße abgesperrt. 3. Peter hat mich angerufen. 4. Ich werde meinen alten Schulfreund wiedersehen. 5. Wer kann unseren Fernseher reparieren? 6. Die Polizei hat die Straßenkontrollen verstärkt. 7. Die Werbesendungen ... beeinflussen die Käufer. 8. Die Scheinwerfer beleuchten das alte Schloß. 9. Die Industrieabwässer verschmutzen die Flüsse ... 10. Der ... Straßenverkehr gefährdet unsere Kinder.
→ R 107: Die Sätze haben eine *dreigliedrige Grundstruktur:* Prädikat + Subjekt + Akkusativobjekt.

T 11: 1. Unsere Firma hat letzte Woche ... 2. ... hat seit heute früh ... 3. ... hat mich gestern abend ... 4. ... werde nächste Woche in München ... (... werde nächste Woche meinen alten Schulfreund in München ...) 5. ... kann heute ... 6. ... hat während der Hauptreisezeit im Sommer ... 7. ... beeinflussen mit primitiven psychologischen Mitteln ... (... beeinflussen die Käufer mit primitiven psychologischen Mitteln) 8. ... beleuchten an den Festtagen ... (... beleuchten das alte Schloß an den Festtagen.) 9. ... verschmutzen ständig ... 10. ... gefährdet im höchsten Maße ... (... gefährdet unsere Kinder im höchsten Maße.)
Die Angaben nehmen den Stellplatz (5) ein; → R 108. Wenn eine Angabe einen höheren Mitteilungswert erhalten soll, nimmt sie den Stellplatz (10) ein und erhält den Satzton; → R 138.

T 12: 1. Letzte Woche hat ... 2. Seit heute früh hat ... 3. Gestern abend hat mich Peter angerufen. 4. Nächste Woche werde ich in München ... (In München werde ich nächste Woche ...) 5. Wer kann heute ...? (Fragewörter halten ihren festen Platz im Vorfeld.) 6. Während der Hauptreisezeit im Sommer verstärkt ... 7. Mit primitiven psychologischen Mitteln beeinflussen ... 8. An den Festtagen beleuchten ... 9. Ständig verschmutzen ... 10. Im höchsten Maße gefährdet ...

T 13: 1. Deine ständige Angst vor den Prüfungen regt mich auf. (Mich regt deine ständige Angst vor den Prüfungen auf.) 2. Die neue Umgehungsstraße soll den Verkehr durch die Stadt entlasten. 3. Deine unnötige Drohung ängstigt den Jungen. 4. Eine Schlechtwetterfront hat die ... verzögert. 5. Die schlechte Nachricht betrübt mich. (Mich betrübt die schlechte Nachricht.)
Wenn ein Pronomen der 1. oder der 2. Person Objekt (oa) ist, steht es vorzugsweise im Vorfeld des Satzes.
Bemerkung zum Satz 4: Bei diesem Satz können das Subjekt und das Objekt ihre Stellungen nicht tauschen, weil das Objekt kein Funktionszeichen (→ R 66) trägt und nur die Stellung die Satzgliedfunktion kennzeichnen kann.

T 14 *Bilden Sie Sätze!*

1. Präsens: *mißtrauen* / wir / die Versprechungen der Politiker 2. Präteritum: *folgen* / das Polizeiauto / der flüchtige Autofahrer 3. Präsens: *folgen müssen* / wir / die Anweisungen des Personals 4. Perfekt: aus*weichen* / wir / die Fragen des Polizeibeamten 5. Präteritum: aus*weichen können* / der Autofahrer / der Radfahrer, der vom Rad stürzte 6. Präsens: *schaden* / das Rauchen / die Gesundheit 7. Präsens: zu*stimmen* / die Versammlungsteilnehmer / der Vorschlag des Vorsitzenden 8. Perfekt: *gefallen* / das Schauspiel / die Theaterbe-

sucher **9.** Präsens: *passen* / dein Benehmen / wir / nicht **10.** Präsens: *passen* / die Schuhe / ich **11.** Präsens: *stehen* / der neue Hut / Sie **12.** Präsens: *dienen* / diese Institution / die Allgemeinheit **13.** Präteritum: zu*jubeln* / die Menge / die siegreiche Fußballmannschaft

T 15 *Wiederholen Sie T 14, und setzen Sie die Objekte ins Vorfeld!*

T 16 *Bilden Sie Sätze!*

1. Präsens: *glauben an* / nur ein naiver Mensch / die Friedfertigkeit der Menschen **2.** Präsens: *haften für* / die Eltern / ihre Kinder **3.** Präsens: *handeln mit* / der Trödler / alte Kleidungsstücke **4.** Perfekt: *zweifeln an* / ich / die Ehrlichkeit dieses Mannes **5.** Perfekt: *warten auf* / die Touristen / Wetterbesserung **6.** Perfekt: *nachdenken über* / die Wissenschaftler / das Problem der Kernkraft **7.** Perfekt: *denken an* / ich / du **8.** Präsens: *aufpassen auf* / die Kinderschwester / die Kinder **9.** Präsens: *grenzen an* / die Bundesrepublik / Dänemark **10.** Präsens: *helfen gegen* / diese Tabletten / Kopfschmerzen **11.** Präsens: *abhängen von* / der Beginn der Sportveranstaltung / das Wetter **12.** Perfekt: *einschreiten gegen* / die Polizei / die Demonstranten

Zur Kontrolle

T 14: 1. Wir mißtrauen den ... 2. Das Polizeiauto folgte dem flüchtigen ... 3. Wir müssen den Anweisungen ... folgen. 4. Wir sind den Fragen ... ausgewichen. 5. Der Autofahrer konnte dem Radfahrer, der vom Rad stürzte, ausweichen. 6. Das Rauchen schadet der ... 7. Die Versammlungsteilnehmer stimmen dem Vorschlag ... zu. 8. Das Schauspiel hat den Theaterbesuchern gefallen. 9. Dein Benehmen paßt uns nicht. 10. Die Schuhe passen mir. 11. Der neue Hut steht Ihnen. 12. Diese Institution dient der ... 13. Die Menge jubelte der siegreichen ... zu.

T 15: 1. Den Versprechungen ... mißtrauen wir. 2. Dem ... Autofahrer folgte das ... 3. Den Anweisungen ... müssen wir folgen. 4. Den Fragen ... sind wir ausgewichen. 5. Dem Radfahrer, der vom Rad stürzte, konnte der Autofahrer ausweichen. 6. Der Gesundheit schadet das Rauchen. 7. Dem Vorschlag ... stimmen die Versammlungsteilnehmer zu. 8. Den Theaterbesuchern hat das Schauspiel gefallen. 9. Uns paßt dein Benehmen nicht. 10. Mir passen die Schuhe. 11. Ihnen steht der neue Hut. 12. Der Allgemeinheit dient diese Institution. 13. Der siegreichen Fußballmannschaft jubelte die Menge zu.
→ R 107: Die Sätze haben eine *dreigliedrige Grundstruktur:* Prädikat + Subjekt + Dativobjekt.

T 16: 1. Nur ein naiver Mensch glaubt an die ... 2. Die Eltern haften für ... 3. Der Trödler handelt mit alten Kleidungsstücken. 4. Ich habe an der ... gezweifelt. 5. Die Touristen haben auf ... gewartet. 6. Die Wissenschaftler haben über das ... nachgedacht. 7. Ich habe an dich gedacht. 8. Die Kinderschwester paßt auf ... auf. 9. Die Bundesrepublik grenzt an ... 10. Diese Tabletten helfen gegen ... 11. Der Beginn ... hängt vom Wetter ab. 12. Die Polizei ist gegen die ... eingeschritten.

→ R 107: Die Sätze haben eine *dreigliedrige Grundstruktur:* Prädikat + Subjekt + Präpositionalobjekt.

T 17 *Bilden Sie Sätze!*

1. Perfekt: *geraten* / die Firma / in Geldschwierigkeiten 2. Perfekt: *gehen* / Herr Müller / in Pension 3. Perfekt: *kommen* / zwei Bergsteiger / ums Leben 4. Präsens: *schweben* / ein Alpinist / in Lebensgefahr 5. Futur: **fort***fahren* / der Professor / mit seinen Vorlesungen 6. Perfekt: *geraten* / unser Wagen / ins Rutschen 7. Präsens: *stechen* / das Schiff / in See 8. Präsens: *bleiben* / wir / hier 9. Präsens: *haben* / der Zug / Aufenthalt 10. Präsens: *wohnen* / wir / in einem Feriendorf 11. Präsens: *führen* / die Brücke / über den Fluß 12. Präsens: *gehören* / diese Bücher / in den Bücherschrank

T 18 *Wiederholen Sie T 17, und fügen Sie die Angaben ins Satzfeld ein!*

1. in letzter Zeit 2. im vergangenen Monat 3. gestern / an der Ostwand des Berges 4. immer noch 5. im nächsten Semester 6. plötzlich / auf der eisglatten Straße 7. von hier aus 8. noch eine Woche 9. in München 10. seit einer Woche 11. in einer Höhe von 30 Metern 12. nach dem Lesen / auf jeden Fall

T 19 *Wiederholen Sie T 18, und leiten Sie die Sätze mit einer Angabe im Vorfeld ein!*

T 20 *Bilden Sie Sätze!*

1. Perfekt: *brechen* / ihr / euer Wort 2. Perfekt: *erringen* / unsere Mannschaft / einen überzeugenden Sieg 3. Präsens: *erteilen* / meine Freundin / Gymnastikunterricht 4. Präsens: **ab***schließen* / die beiden Firmen / einen Liefervertrag 5. Perfekt: **an***wenden* / die Polizei / Gewalt 6. Präteritum: *beilegen können* / die Gewerkschaften und der Verband der Arbeitgeber / den Streik 7. Präsens: *machen wollen* / wir / eine größere Skandinavienreise 8. Präsens: *werden wollen* / mein Sohn / Architekt 9. Perfekt: *machen* / unsere Eltern / einen Spaziergang in den Stadtpark 10. Präsens: *fahren* / meine Tochter / Auto

T 21 *Wiederholen Sie T 20, und fügen Sie die Angaben ins Satzfeld ein!*

1. neulich 2. am letzten Sonntag / in Bruchsal 3. schon seit Jahren / in der Volkshochschule 4. morgen 5. bei der Demonstration gegen den Bau des

Kernkraftwerks **6.** nach langen zähen Verhandlungen **7.** in den nächsten Sommerferien **8.** später **9.** am Sonntagnachmittag **10.** seit letztem Jahr

T22 *Wiederholen Sie T21, und leiten Sie die Sätze mit einer Angabe im Vorfeld ein!*

Zur Kontrolle

T 17: 1. Die Firma ist ... geraten. 2. Herr Müller ist ... gegangen. 3. Zwei Bergsteiger sind ... gekommen. 4. Ein Alpinist schwebt ... 5. Der Professor wird ... fortfahren. 6. Unser Wagen ist ... geraten. 7. Das Schiff sticht ... 8. Wir bleiben ... 9. Der Zug hat ... 10. Wir wohnen ... 11. Die Brücke führt ... 12. Diese Bücher gehören ...

T 18: 1. Die Firma ist in letzter Zeit ... geraten. 2. Herr Müller ist im vergangenen Monat ... gegangen. 3. Zwei Bergsteiger sind gestern an der Ostwand des Berges ... gekommen. 4. Ein Alpinist schwebt immer noch ... 5. Der Professor wird im nächsten Semester ... fortfahren. 6. Unser Wagen ist plötzlich auf der eisglatten Straße ... geraten. 7. Das Schiff sticht von hier aus ... 8. Wir bleiben noch eine Woche ... 9. Der Zug hat in München ... 10. Wir wohnen seit einer Woche ... 11. Die Brücke führt in einer Höhe von 30 Metern ... 12. Diese Bücher gehören nach dem Lesen auf jeden Fall ...

T 19: 1. In letzter Zeit ist die Firma ... geraten. 2. Im vergangenen Monat ist Herr Müller ... gegangen. 3. Gestern sind an der Ostwand des Berges zwei Bergsteiger ... gekommen. (An der Ostwand ... sind gestern zwei Bergsteiger ... gekommen.) 4. Immer noch schwebt ein Alpinist ... 5. Im nächsten Semester wird der Professor ... fortfahren. 6. Plötzlich ist unser Wagen auf der eisglatten Straße ... geraten. (Auf der eisglatten Straße ist unser Wagen plötzlich ... geraten.) 7. Von hier aus sticht das Schiff ... 8. Noch eine Woche bleiben wir hier. 9. In München hat der Zug ... 10. Seit einer Woche wohnen wir ... 11. In einer Höhe von 30 Metern führt die Brücke ... 12. Nach dem Lesen gehören diese Bücher auf jeden Fall ... (Auf jeden Fall gehören diese Bücher nach dem Lesen ...)
→ R 107: Die Sätze haben eine *dreigliedrige Grundstruktur:* Prädikat + Prädikatsergänzung + Subjekt.
Bemerkung zu Satz 3: Das Subjekt hat wegen des höheren Mitteilungswertes auf dem Satzfeld den Stellplatz (8); vgl. R 108, R 138.

T 20: 1. Ihr habt euer Wort gebrochen. 2. Unsere Mannschaft hat ... errungen. 3. Meine Freundin erteilt ... 4. Die beiden Firmen schließen ... ab. 5. Die Polizei hat ... angewendet. 6. Die Gewerkschaften und ... konnten den Streik beilegen. 7. Wir wollen ... machen. 8. Mein Sohn will ... werden. 9. Unsere Eltern haben ... gemacht. 10. Meine Tochter fährt Auto.

T 21: 1. Ihr habt neulich ... gebrochen. 2. Unsere Mannschaft hat am letzten Sonntag in Bruchsal ... errungen. 3. Meine Freundin erteilt schon seit Jahren in der Volkshochschule ... 4. Die beiden Firmen schließen morgen ... 5. Die Polizei hat bei der Demonstration gegen den Bau des Kernkraftwerks ... angewendet. 6. Die Gewerkschaften und ... konnten nach langen zähen Verhandlungen ... beilegen. 7. Wir wollen in den nächsten Sommerferien ... machen. 8. Mein Sohn will später ... werden.

9. Unsere Eltern haben am Sonntagnachmittag ... gemacht. 10. Meine Tochter fährt seit letztem Jahr ...

T 22: 1. Neulich habt ihr ... gebrochen. 2. Am letzten Sonntag hat unsere Mannschaft in Bruchsal ... errungen. (In Bruchsal hat unsere Mannschaft am letzten Sonntag ... errungen.) 3. Schon seit Jahren erteilt meine Freundin an der Volkshochschule ... (An der Volkshochschule erteilt meine Freundin schon seit Jahren ...) 4. Morgen schließen die beiden Firmen ... 5. Bei der Demonstration gegen ... hat die Polizei ... angewendet. 6. Nach langen zähen Verhandlungen konnten die Gewerkschaften und ... ... beilegen. 7. In den nächsten Sommerferien wollen wir ... machen. 8. Später will mein Sohn ... Architekt werden. 9. Am Sonntagnachmittag haben unsere Eltern ... gemacht. 10. Seit letztem Jahr fährt meine Tochter ...

Viergliedrige Satzstrukturen

T23 *Bilden Sie Sätze!*

1. Perfekt: *überweisen* / die Firma / der Rechnungsbetrag / wir 2. Präsens: zu*stellen* / die Post / die Zeitung / die Abonnenten 3. Perfekt: *beschreiben* / die Frau / den Weg zum Bahnhof / ich 4. Perfekt: *empfehlen* / das Reisebüro / eine Skandinavienreise / mein Freund 5. Präsens: *ersetzen* / die Firma / die Reisespesen / die Mitarbeiter 6. Perfekt: *geben* / ich / Geld / der Bettler 7. Präsens: *schicken* / Peter / ein Päckchen / seine Eltern 8. Futur: *zeigen* / die Sekretärin / das Chefzimmer / Sie 9. Perfekt: mit*bringen* / ich / Blumen / du 10. Präsens: vor*stellen* / der Chef / seine neue Sekretärin / die übrigen Mitarbeiter der Firma

T24 *Bilden Sie Sätze!*

1. Präsens: *beneiden* / die Leute / wir / um unser schönes Haus 2. Perfekt: *betrügen* / der Angestellte / seine Firma / um mehr als 10 000 Mark 3. Perfekt: *fragen* / ich / ein Passant / nach dem Weg 4. Präsens: *erinnern sollen* / ich / Sie / an etwas 5. Präsens: *schützen* / die Impfaktion / die Kinder / vor der Kinderlähmung 6. Perfekt: *verkaufen* / unser Nachbar / sein Grundstück / an eine Baufirma 7. Perfekt: *bekannt machen* / Herr Schulze / ich / mit Frau Meier 8. Perfekt: ab*lenken* / der Film / wir / von unseren Sorgen 9. Präsens: *bitten wollen* / ich / die Bank / um einen Kredit

T25 *Bilden Sie Sätze!*

1. Perfekt: *raten* / der Arzt / meine Mutter / zu einer Kur 2. Präsens: ab*raten* / ich / Sie / von einer Reise in tropische Länder 3. Präsens: *aushelfen können* / wir / ihr / mit etwas Geld 4. Präsens: *berichten wollen* / der Profes-

sor / seine Zuhörer / von seiner letzten Expeditionsreise **5.** Perfekt: *gratulieren* / wir / unser Chef / zum Firmenjubiläum **6.** Perfekt: *erzählen* / Helga / ich / von ihrer Amerikareise

Zur Kontrolle

T 23: 1. Die Firma hat uns den Rechnungsbetrag überwiesen. 2. Die Post stellt den Abonnenten die Zeitung zu. 3. Die Frau hat mir den Weg zum Bahnhof beschrieben. 4. Das Reisebüro hat meinem Freund eine Skandinavienreise empfohlen. 5. Die Firma ersetzt den Mitarbeitern die Reisespesen. 6. Ich habe dem Bettler Geld gegeben. 7. Peter schickt seinen Eltern ein Päckchen. 8. Die Sekretärin wird Ihnen das Chefzimmer zeigen. 9. Ich habe dir Blumen mitgebracht. 10. Der Chef stellt den übrigen Mitarbeitern der Firma seine neue Sekretärin vor.
→ R 107, R 108 und *Satzbaulineal* Seite 65
Die Sätze haben eine *viergliedrige Grundstruktur:* Prädikat + Subjekt + Akkusativobjekt + Dativobjekt.

T 24: 1. Die Leute beneiden uns um unser schönes Haus. 2. Der Angestellte hat seine Firma um mehr als 10 000 Mark betrogen. 3. Ich habe einen Passanten nach dem Weg gefragt. 4. Ich soll Sie an etwas erinnern. 5. Die Impfaktion schützt die Kinder vor der Kinderlähmung. 6. Unser Nachbar hat sein Grundstück an eine Baufirma verkauft. 7. Herr Schulze hat mich mit Frau Meier bekannt gemacht. 8. Der Film hat uns von unseren Sorgen abgelenkt. 9. Ich will die Bank um einen Kredit bitten.
→ R 107, R 108 und *Satzbaulineal* Seite 65
Die Sätze haben eine *viergliedrige Grundstruktur:* Prädikat + Subjekt + Akkusativobjekt + Präpositionalobjekt.

T 25: 1. Der Arzt hat meiner Mutter zu einer Kur geraten. 2. Ich rate Ihnen von einer Reise ... ab. 3. Wir können euch mit etwas Geld aushelfen. 4. Der Professor will seinen Zuhörern von ... berichten. 5. Wir haben unserem Chef zum Firmenjubiläum gratuliert. 6. Helga hat mir von ihrer Amerikareise erzählt.
→ R 107, R 108 und *Satzbaulineal* Seite 65
Die Sätze haben eine *viergliedrige Grundstruktur:* Prädikat + Subjekt + Dativobjekt + Präpositionalobjekt.

T26 *Bilden Sie Sätze!*

1. Perfekt: *greifen* / der Journalist / die Nachricht / aus der Luft **2.** Präsens: *halten müssen* / ihr / euer Zimmer / in Ordnung **3.** Präsens: *bestimmen* / der Firmenchef / sein langjähriger Mitarbeiter / zu seinem Stellvertreter **4.** Perfekt: *bezahlen* / der Skifahrer / seine Unvorsichtigkeit / mit dem Leben **5.** Futur: *setzen* / ich / eine Anzeige / in die Zeitung **6.** Perfekt: *bringen* / du / ich / auf eine gute Idee **7.** Perfekt: *setzen* / ein Blitzschlag / den Bauernhof / in Brand **8.** Futur: *fahren* / ich / ihr / nach Hause **9.** Präsens: *lassen* / die Hotelgäste / ihre Koffer / auf dem Bahnhof **10.** Präsens: *werfen* / ich / der Brief / in den Briefkasten **11.** Perfekt: ab*heben* / Petra / 100 Mark / von ihrem Konto **12.** Futur: *anzeigen* / wir / den leichtsinnigen Autofahrer / bei der Polizei

T27 *Bilden Sie Sätze!*

1. Präsens: *gehen* / mein früherer Freund / ich / aus dem Wege **2.** Perfekt: *begegnen* / ich / er / auf der Straße **3.** Präsens: *machen* / mein Geschäftspartner / ich / Schwierigkeiten **4.** Präsens: *stehen* / der neue Mantel / du / gut **5.** Präteritum: *stellen* / der Grenzbeamte / wir / einige Fragen **6.** Präsens: *legen wollen* / die Grenzpolizei / die Schmuggler / das Handwerk **7.** Perfekt: *geben* / Herr Müller / alle Gäste / die Hand **8.** Präsens: *leisten* / die neue Maschine / ich / gute Dienste **9.** Perfekt: *steigen* / der unerwartete Erfolg / der junge Mann / in den Kopf **10.** Präsens: *helfen* / der nette Junge / die Dame / in den Mantel

T28 *Bilden Sie Sätze!*

1. Präsens: *machen* / ich / Sie / auf einen Fehler / aufmerksam **2.** Perfekt: *machen* / der junge Mann / auf den Chef / einen guten Eindruck **3.** Präsens: *sein* / ich / mit Herrn Braun / befreundet **4.** Präsens: *sein* / wir / mit dem Verkauf des Grundstücks / einverstanden **5.** Präsens: *sein* / unser Nachbar / an dem Kauf des Grundstücks / interessiert **6.** Präsens: *legen* / unsere Kunden / auf zuvorkommende Bedienung / Wert **7.** Präsens: *sein* / wir / um die politische Entwicklung / besorgt **8.** Präteritum: *sein* / ich / mit den Leistungen der Schüler / sehr zufrieden **9.** Präsens: *sein* / der Mann / zum Mechaniker / nicht geeignet **10.** Präsens: *sein* / die Kinder / auf die Unterstützung der Eltern / angewiesen

Zur Kontrolle

T 26: 1. Der Journalist hat die Nachricht aus der Luft gegriffen. 2. Ihr müßt euer Zimmer in Ordnung halten. 3. Der Firmenchef bestimmt seinen ... Mitarbeiter zu seinem Stellvertreter. 4. Der Skifahrer hat seine Unvorsichtigkeit mit dem Leben bezahlt. 5. Ich werde eine Anzeige in die Zeitung setzen. 6. Du hast mich auf eine gute Idee gebracht. 7. Ein Blitzschlag hat den Bauernhof in Brand gesetzt. 8. Ich werde euch nach Hause fahren. 9. Die Hotelgäste lassen ihre Koffer auf dem Bahnhof. 10. Ich werfe den Brief in den Briefkasten. 11. Petra hat 100 Mark von ihrem Konto abgehoben. 12. Wir werden den leichtsinnigen Autofahrer bei der Polizei anzeigen.
→ R 107, R 108: Die Sätze haben eine *viergliedrige Grundstruktur:* Prädikat + Prädikatsergänzung + Subjekt + Akkusativobjekt.

T 27: 1. Mein früherer Freund geht mir aus dem Wege. 2. Ich bin ihm auf der Straße begegnet. 3. Mein Geschäftspartner macht mir Schwierigkeiten. 4. Der neue Mantel steht dir gut. 5. Der Grenzbeamte stellte uns einige Fragen. 6. Die Grenzpolizei will den Schmugglern das Handwerk legen. 7. Herr Müller hat allen Gästen die Hand gegeben. 8. Die neue Maschine leistet mir gute Dienste. 9. Der unerwartete Erfolg ist dem jungen Mann in den Kopf gestiegen. 10. Der nette Junge hilft der Dame in den Mantel.
→ R 107, R 108: Die Sätze haben eine *viergliedrige Grundstruktur:* Prädikat + Prädikatsergänzung + Subjekt + Dativobjekt.

T 28: 1. Ich mache Sie auf einen Fehler aufmerksam. 2. Der junge Mann hat auf den Chef einen guten Eindruck gemacht. (... einen guten Eindruck auf den Chef ...) 3. Ich bin mit Herrn Braun befreundet. 4. Wir sind mit dem Verkauf des Grundstücks einverstanden. 5. Unser Nachbar ist an dem Kauf des Grundstücks interessiert. 6. Unsere Kunden legen auf zuvorkommende Bedienung Wert. (... Wert auf zuvorkommende Bedienung.) 7. Wir sind um die politische Entwicklung besorgt. 8. Ich war mit den Leistungen der Schüler sehr zufrieden. 9. Der Mann ist zum Mechaniker nicht geeignet. 10. Die Kinder sind auf die Unterstützung der Eltern angewiesen.
→ R 107, R 108: Die Sätze haben eine *viergliedrige Grundstruktur:* Prädikat + Prädikatsergänzung + Subjekt + Präpositionalobjekt.
Bei Sätzen mit Prädikatsobjekt (→ R 90) kann das Präpositionalobjekt als Attribut dem Nomen angeschlossen werden, das Prädikatsobjekt ist. Vgl. Satz 2 und 6.

Satzstrukturen (Sonderfälle)

Das Pronomen „es" als Satzstrukturteil

T 29 *Stellen Sie die Gliedsätze (Subjektsätze) ins Nachfeld! → R 115*

Beispiel: Daß Anton und Franz gute Freunde sind, ist wahr.
Es ist wahr, daß Anton und Franz gute Freunde sind.
Ist *es* wahr, daß ...?

1. Daß sich Günter von seiner Frau scheiden lassen will, stimmt nicht. 2. Daß sich die beiden streitenden Parteien einigen werden, ist unwahrscheinlich. 3. Daß ihr euer Haus verkaufen wollt, ist unklug von euch. 4. Daß die Benzinpreise bald wieder sinken werden, ist zu erwarten. 5. Daß du mir allein die Schuld an dem Unfall gibst, ist unfair von dir. 6. Sich über die hohen Steuern aufzuregen, bringt nichts. 7. Etwas mehr für den Umweltschutz zu tun, wäre sinnvoll. 8. Wie einige Beamte mit den Bürgern umgehen, ist ein Skandal.

T 30 *Beginnen Sie folgende Sätze mit den angegebenen subjektiven Stellungnahmen! → R 102*

1. Frühzeitig mit Sparen zu beginnen, ist vernünftig. – Sicher ... 2. Ständig viel Bargeld mit sich herumzutragen, ist leichtsinnig. – Auf jeden Fall ... 3. Hier zu rauchen, ist verboten. – Mit Sicherheit ... 4. Was die Leute von einem denken, ist nicht gleichgültig. – Sicherlich ... 5. Daß man Kinder ständig auf Gefahren aufmerksam macht, ist außerordentlich wichtig. – Wie mir scheint ... 6. Noch länger auf die Gäste zu warten, ist zwecklos. – Wahrscheinlich ... 7. Über längst gelöste Probleme noch länger zu diskutieren, ist müßig. – Jedenfalls ...

Zur Kontrolle

T 29: 1. Es stimmt nicht, daß ... 2. Es ist unwahrscheinlich, daß ... 3. Es ist unklug von euch, daß ... 4. Es ist zu erwarten, daß ... 5. Es ist unfair von dir, daß ... 6. Es bringt nichts, ... 7. Es wäre sinnvoll, ... 8. Es ist ein Skandal, ...

T 30: 1. Sicher ist es vernünftig, ... 2. Auf jeden Fall ist es leichtsinnig, ... 3. Mit Sicherheit ist es verboten, ... 4. Sicherlich ist es nicht gleichgültig, was ... 5. Wie mir scheint, ist es außerordentlich wichtig, ... 6. Wahrscheinlich ist es zwecklos, ... 7. Jedenfalls ist es müßig, ...
→ R 95: Das Pronomen *es* besetzt die vakante Subjektstelle und ist daher Struktursubjekt (ss). Als Korrelat kündigt es den im Nachfeld folgenden Subjektsatz an.
→ R 108

T 31 *Bilden Sie die Einleitungssätze, und setzen Sie das Pronomen „es" als Korrelat zum Objektsatz ein!*

1. Präsens: *sehr bedauern / wir:* ..., daß ihr schon abreisen wollt. **2.** Präsens: *nicht verantworten wollen / mein Arzt:* ..., daß ich an der Flugreise teilnehme. **3.** Präsens: *nicht erwarten können / die Kinder:* ..., bis wir in die Ferien fahren. **4.** Präsens: *nicht erlauben können / ich / dir:* ..., erst nach Mitternacht nach Hause zu kommen. **5.** Futur: *erst morgen erfahren / ich:* ..., ob ich die Prüfung bestanden habe oder nicht. **6.** Perfekt: *auftragen / der Chef / mir:* ..., Sie zum Firmenjubiläum einzuladen. **7.** Perfekt: *leugnen / der Junge:* ..., das Fahrrad gestohlen zu haben. **8.** Präsens: *nicht wert sein / der Film:* ..., daß man ihn sich ansieht. **9.** Präsens: *überdrüssig sein / ich:* ..., dauernd deine dummen Fragen beantworten zu müssen. **10.** Präsens: *leid sein / wir:* ..., immer eure Arbeit tun zu müssen. **11.** Präsens: *einfach nicht mehr aushalten / ich:* ..., dauernd eure Streitigkeiten anhören zu müssen. **12.** Präsens: *bestreiten / der Angeklagte:* ..., die Tat begangen zu haben.

Zur Kontrolle

T 31: 1. Wir bedauern (es) sehr, ... 2. Mein Arzt will es nicht verantworten, ... 3. Die Kinder können es nicht erwarten, ... 4. Ich kann (es) dir nicht erlauben, ... 5. Ich werde (es) erst morgen erfahren, ... 6. Der Chef hat (es) mir aufgetragen, ... 7. Der Junge hat (es) geleugnet, ... 8. Der Film ist es nicht wert, ... 9. Ich bin es überdrüssig, ... 10. Wir sind es leid, ... 11. Ich halte es einfach nicht mehr aus, ... 12. Der Angeklagte bestreitet (es), ...
→ R 97: Nicht alle Korrelate sind obligatorisch. In Klammern stehende Korrelate können fakultativ gebraucht werden. Das Korrelat *es* nimmt auf dem Satzfeld den Stellplatz (2) ein und kann als Akkusativobjekt niemals das Vorfeld besetzen. → R 108

T32 *Bilden Sie Sätze! Setzen Sie die Verben als Prädikate ein!*

1. *regnen* (Perfekt): Gestern / den ganzen Tag **2.** *klingeln* (Perfekt): spät am Abend / an unserer Haustür **3.** *dämmern* (Präteritum): als wir von der Wanderung nach Hause kamen / schon **4.** *gehen* (Präsens): in unserer Diskussion / um die Verbesserung der Arbeitsbedingungen **5.** *gehen* (Präsens): wie ich gehört habe / deinem Vater / jetzt wieder besser **6.** *geben* (Präteritum): was / heute / bei euch / zu Mittag? **7.** *gefallen* (Präsens): Ihnen / hier in Deutschland? **8.** sich *handeln* (Präsens): bei dem Angeklagten / um einen netten, jungen Mann **9.** *kommen* (Präteritum): auf den Bundesstraßen / gestern / nur zu vereinzelten, kleineren Unfällen **10.** *klopfen* (Perfekt): eben / an der Tür **11.** *werden* (Präsens): im Winter / schon frühzeitig / dunkel **12.** *bleiben* (Präsens): im heutigen Wetterbericht heißt es, daß / weiterhin / kalt **13.** *sein* (Präsens): jetzt / zu spät **14.** *sitzen* / sich (Präsens): auf diesem Sofa / bequem

Zur Kontrolle

T 32: 1. Gestern hat es den ganzen Tag geregnet. 2. Spät am Abend hat es an unserer Haustür geklingelt. 3. ..., dämmerte es schon. 4. In unserer Diskussion geht es um ... 5. ..., geht es deinem Vater jetzt wieder besser. 6. Was gab es heute bei euch zu Mittag? 7. Gefällt es Ihnen hier in Deutschland? 8. Bei dem Angeklagten handelt es sich um einen ... 9. Auf den Bundesstraßen kam es gestern nur ... 10. Eben hat es an der Tür geklopft. 11. Im Winter wird es schon frühzeitig dunkel. 12. ..., daß es weiterhin kalt bleibt. 13. Jetzt ist es zu spät. 14. Auf diesem Sofa sitzt es sich bequem.
→ R 94: Als Personalpronomen nimmt *es* den Stellplatz (2) ein. → R 108

T33 *Vervollständigen Sie die Satzellipsen! Setzen Sie die Verben ein!*

1. *sein* (Präsens): Wer ist da? Ich ... **2.** *sein* (Präsens): Mein Bruder ist zufrieden in seinem Beruf. Ich ... auch. **3.** *sein* (Präsens): Wir sind hungrig. Ihr ... sicher auch. **4.** *werden* (Präsens): Mein Vater ist Lehrer, und er wünscht, daß ich ... auch ... **5.** *sein* (Präteritum): Meine Schwester war von der Reise begeistert. Ich ... nicht. **6.** *bleiben* (Futur): Wir sind recht glücklich hier. Wir hoffen, daß wir ... auch ...

Zur Kontrolle

T 33: 1. Ich bin es. 2. Ich bin es auch. 3. Ihr seid es ... 4. ... ich es auch werde. 5. Ich war es nicht. 6. ... wir es auch bleiben werden.
Das Pronomen *es* vervollständigt die sonst defekte Satzstruktur. Als Personalpronomen nimmt *es* den Stellplatz (2) ein. → R 108

Reflexivpronomen bzw. Personalpronomen als Strukturobjekt (so)

T 34 *Setzen Sie das Reflexivpronomen oder die entsprechenden Personalpronomen ein!*

1. Warum beeilt ihr ... nicht? **2.** Wir müssen ... beeilen. **3.** Gestern habe ich ... sehr geärgert. **4.** Das Wetter hat ... geändert. **5.** Wir interessieren ... für moderne Musik. **6.** Sie können ... hier an den Tisch setzen. **7.** Willst du ... nicht von deinem Freund verabschieden? **8.** Ich möchte ... jetzt am liebsten ins Bett legen. **9.** Die Kollegen unterhalten ... über ihren letzten Urlaub. **10.** Wann können wir ... wiedersehen? **11.** Helga und Fritz sehen ... jeden Tag in der Schule. **12.** Sie kennen ... gut. **13.** Die beiden jungen Leute lieben ... sehr. **14.** Angelika und Horst besuchen ... oft oder treffen ... in der Stadt. **15.** Irene sucht ... im Versandhauskatalog eine Bluse aus. **16.** Ich kaufe ... einen Sommermantel. **17.** Hast du ... schon die Zähne geputzt? **18.** Herr Baum hat ... in unserer Nähe ein Zimmer gemietet.

T 35 *Wo fehlen Reflexivpronomen? Setzen Sie sie ein!*

1. Auf den Sonntag freue ich immer, denn da muß ich nicht beeilen und kann lange schlafen. **2.** Ich stehe in aller Ruhe auf, putze die Zähne, dusche und ziehe an. **3.** Dann mache ich das Frühstück und setze an den Tisch und frühstücke. **4.** Danach rufe ich meine Freundin an. Ab und zu verabreden wir zum Mittagessen und treffen dann in einem Restaurant. **5.** Wenn das Wetter gut ist, gehen wir anschließend spazieren und unterhalten.

T 36 *Wiederholen Sie T 35 mit geändertem Subjekt! Subjekt ist „Rolf".*

Zur Kontrolle

T 34: 1. euch 2. uns 3. mich 4. sich 5. uns 6. sich 7. dich 8. mich 9. sich 10. uns 11. sich 12. sich 13. sich 14. sich, sich 15. sich 16. mir 17. dir 18. sich

T 35: 1. ... freue ich mich ..., ... muß ich mich ... 2. putze mir[1] die Zähne, dusche mich[1] und ziehe mich an. 3. ... mache ich mir[1] ... und setze mich ... 4. ... wir uns ... treffen uns ... 5. ... unterhalten uns

T 36: 1. ... sich Rolf ..., ... muß er sich ... 2. Rolf ... putzt sich[1] die Zähne, duscht sich[1] und zieht sich an. 3. ... macht er sich[1] ... setzt sich ... und frühstückt. 4. ... ruft er seine ... ... verabreden sie sich ... treffen sich ... 5. ... gehen sie ... und unterhalten sich.

→ R 30, R 39, R 98: Stellungsregeln → R 108 und *Satzbaulineal* Seite 65

[1] An diesen Stellen können die Pronomen entfallen.

Beachten Sie, daß bei Subjektwechsel die Verbformen und die Pronomen dem Kontext angepaßt werden müssen.

Das Reflexivpronomen und die reflexiv gebrauchten Personalpronomen

ich ... mich/mir[1] du ... dich/dir[1] er/es/sie ... **sich**	wir ... uns ihr ... euch sie ... **sich** Sie ... **sich**

[1] Wenn die Objektstelle (Oa) durch ein Nomen besetzt ist, übernehmen die Personalpronomen mit der Dativform die zweite Objektstelle (od). → R 108

Das Reflexivpronomen oder die Personalpronomen im reflexiven Gebrauch können nicht die Stelle im Vorfeld des Satzes besetzen. → R 108, R 109 und *Satzbaulineal* auf Seite 65

T37 *Setzen Sie das Reflexivpronomen ein!*

1. Möchten Sie nicht etwas von ... erzählen? **2.** Karl ist mit ... und seiner Arbeit nicht zufrieden. **3.** Das Kind singt ein Lied vor ... hin. **4.** Die Frau ist außer ... vor Zorn. **5.** Der alte Mann arbeitet nur noch für ... und seine Familie. **6.** Behalten Sie das bitte für ..., was ich Ihnen eben erzählt habe!

T38 *Wiederholen Sie T 37 mit geändertem Subjekt! Subjekt ist in allen Sätzen „du“.*

Zur Kontrolle

T 37: 1. sich 2. sich 3. sich 4. sich 5. sich 6. sich

T 38: 1. Möchtest du nicht etwas von dir erzählen? 2. Du bist mit dir und deiner Arbeit nicht zufrieden. 3. Du singst ein Lied vor dich hin. 4. Du bist außer dir vor Zorn. 5. Du arbeitest nur noch für dich und deine Familie. 6. Behalte das bitte für dich, was ich dir eben erzählt habe!
Beachten Sie, daß bei Subjektwechsel die Verbformen und die Pronomen dem Kontext angepaßt werden müssen.
→ R 71, R 72

Das Pronominaladverb „da-“ als Korrelat

T39 *Bilden Sie Sätze, und setzen Sie das Korrelat „da-“ ein!*

1. (Perfekt) *immer achten auf / unser Meister:* ..., daß wir an der Werkbank sorgfältig arbeiten. **2.** (Präsens) *sich wirklich freuen können über / ihr:* ..., daß ihr eine so schöne Reise machen dürft. **3.** (Präsens) *noch nicht überzeugt sein von / ich:* ..., daß der Plan gelingen wird. **4.** (Präsens) *sich einstellen müssen auf / wir:* ..., daß uns im Sommer viele Gäste besuchen werden. **5.** (Präsens) *wirklich nicht angewiesen sein auf / ich:* ..., von dir Hilfe zu bekommen. **6.** (Präsens) *nicht frei sein von / wir alle:* ..., Fehler zu machen. **7.** (Perfekt) *ein Leben lang arbeiten für / die alten Leute:* ..., daß es ihre Kinder einmal besser haben werden. **8.** (Präsens) *immer noch hoffen auf / ich:* ..., daß uns unser Vater unterstützen wird. **9.** (Perfekt) *sich sehr ärgern über / ich:* ..., daß ich kein besseres Zeugnis bekommen habe. **10.** (Präsens) *etwas mehr erfahren über / ich möchte:* ..., wie es dir bei der Prüfung ergangen ist.

Zur Kontrolle

T 39: 1. Unser Meister hat immer darauf geachtet, ... 2. Ihr könnt euch wirklich (darüber) freuen, ... 3. Ich bin noch nicht davon überzeugt, ... 4. Wir müssen uns darauf einstellen, ... 5. Ich bin wirklich nicht darauf angewiesen, ... 6. Wir sind alle nicht frei davon, ... (Wir alle sind nicht frei davon, ...) 7. Die alten Leute haben ein Leben lang dafür gearbeitet, ... 8. Ich hoffe immer noch (darauf), ... 9. Ich habe mich sehr (darüber) geärgert, ... 10. Ich möchte etwas mehr darüber erfahren, ...
→ R 65, R 97: Wenn ein Objektsatz für ein Präpositionalobjekt steht, vertritt das Pronominaladverb *da* + Präposition die Objektstelle auf dem Satzfeld (Stellplatz (11); → R 108). Wenn ein Adjektiv Prädikatsergänzung (→ R 88) ist, folgt das Präpositionalobjekt der Prädikatsergänzung (vgl. Satz 6).

Das Pronomen „es“ als Füllwort im Vorfeld (→ R 113)

T40 *Stellen Sie die Satzglieder aus dem Vorfeld ins Satzfeld (→ R 116), und besetzen Sie die frei gewordene Stelle im Vorfeld mit dem Pronomen „es“!*

Beispiel: *Gestern* waren viele Leute im Stadion.
Es waren gestern viele Leute im Stadion.

1. Letztes Jahr waren über hunderttausend Besucher auf der Messe. **2.** Gestern protestierten in Hamburg viele Kernkraftgegner gegen den Bau eines neuen Kernkraftwerks. **3.** Gegen den Beamten läuft seit längerer Zeit ein Verfahren wegen passiver Bestechung. **4.** Auf den Autobahnen entstehen an den Wochenenden immer wieder kilometerlange Staus. **5.** Letztes Wochenende sind auf den Straßen der Bundesrepublik viele schwere Verkehrsunfälle passiert. **6.** Neulich wurde im Stadtrat über den Bau der neuen Umgehungsstraße beraten. **7.** Zu irgendwelchen Besorgnissen besteht überhaupt kein Anlaß. **8.** Bei dem Außenministertreffen in Genf in der vergangenen Woche ist keine Einigung über die geplante Erhöhung der Entwicklungshilfe für die Länder der Dritten Welt zustande gekommen. **9.** Bei der Planung der neuen Brücke über den Fluß ist dem beauftragten Architekten ein schwerwiegender Fehler unterlaufen. **10.** Im letzten Jahr sind allein in dieser Gegend bei Verkehrsunfällen mehr als zwanzig junge Leute ihrem leichtsinnigen Fahrverhalten zum Opfer gefallen.

Zur Kontrolle

T 40: 1. Es waren letztes Jahr über hunderttausend Besucher auf der Messe. 2. Es protestierten gestern in Hamburg viele Kernkraftgegner gegen den Bau eines neuen Kernkraftwerks. 3. Es läuft seit längerer Zeit gegen den Beamten ein Verfahren wegen passiver Bestechung. 4. Es entstehen an den Wochenenden auf den Autobahnen immer wieder kilometerlange Staus. 5. Es sind letztes Wochenende auf den Straßen der Bundesrepublik viele schwere Unfälle passiert. 6. Es wurde neulich im Stadtrat über den Bau einer neuen Umgehungsstraße beraten. 7. Es besteht zu irgendwelchen Besorgnissen überhaupt kein Anlaß. (... überhaupt kein Anlaß zu irgendwelchen Besorgnissen.) 8. Es ist bei dem Außenministertreffen in Genf in der vergangenen Woche keine Einigung über die geplante Erhöhung der Entwicklungshilfe für die Länder der Dritten Welt zustande gekommen. 9. Es ist dem beauftragten Architekten bei der Planung der neuen Brücke über den Fluß ein schwerwiegender Fehler unterlaufen. 10. Es sind im letzten Jahr allein in dieser Gegend bei Verkehrsunfällen mehr als zwanzig junge Leute ihrem leichtsinnigen Fahrverhalten zum Opfer gefallen.
→ R 105, R 108 und *Satzbaulineal* Seite 65
Bemerkung zu Satz 7: Wenn die Prädikatsergänzung von einem Nomen (hier: Prädikatsobjekt, → R 90) besetzt ist, kann das inhaltlich dazugehörige Satzglied auch als Attribut im Nachfeld (→ R 115) angeschlossen werden.

Das Verb als Prädikat

Die schwachen und die starken Verben

T 41 *Ergänzen Sie die Präsensformen!*

1. *kommen:* Woher ... ihr? – Wir ... aus Österreich. 2. *machen:* Was ... du hier? 3. *lernen:* Ich ... Deutsch. 4. *wohnen:* Wo ... Sie? – Wir ... in Hamburg. 5. *studieren:* Was ... Ihre Tochter? – Sie ... Sprachen. 6. *machen:* Was ... Klaus und Dieter? 7. *spielen:* Sie ... Fußball. 8. *heißen:* Wie ... du? – Ich ... Lutz. 9. *arbeiten:* ... dein Freund bei der Post? – Nein, er ... bei der Bahn. 10. *baden:* ... du den kleinen Rolf jeden Tag? – Nein, ich ... ihn nicht mehr täglich.

T 42 *Ergänzen Sie die Präsensformen!*

1. *wandern:* ... du viel? – Ja, ich ... oft und gern. 2. *sammeln:* ... dein Bruder Briefmarken? – Nein, aber ich ... welche. 3. *ändern:* ... Sie jetzt Ihren Plan? – Nein, ich ... ihn nicht. 4. sich *erinnern:* ... du dich noch oft an deine Schulzeit? – Ja, ich ... mich sogar sehr gern daran.

T 43 *Ergänzen Sie die Präsensformen!*

1. *lesen:* Was ... du da? – Ich ... einen Roman. 2. *fahren:* ... ihr beide zusammen nach Salzburg? – Nein, ich ... allein. Hilde ... nach Venedig. 3. *helfen:* ... du mir bei der Arbeit? – Natürlich, ich ... dir gern. 4. *sprechen:* ... Bernhard gut Englisch? – Ja, er ... es ganz gut. 5. *laufen:* Der Motor ... sehr unregelmäßig. 6. *laufen:* Im Winter ... wir oft Ski. ... du auch Ski? – Nein, ich ... nicht Ski, nur Schlittschuh.

T 44 *Bilden Sie Präteritumformen!*

1. **kennen***lernen:* Damals ... ich meine Frau ... . 2. *studieren:* Sie ... an der Universität in Bonn Germanistik. 3. *arbeiten:* Ich ... damals bei einer Bank. 4. *sich* **an***freunden:* Wir ... uns sehr schnell ... . 5. **ab***holen:* Inge ... mich regelmäßig von der Arbeit ... . 6. *heiraten:* Nach einem Jahr ... wir. 7. *suchen:* Ich ... eine Wohnung in der Nähe von Bonn. 8. *wohnen:* Wir ... drei Jahre in Königswinter.

T45 *Bilden Sie Präteritumformen!*

1. *fahren:* Ich ... jeden Tag mit der Bahn nach Bonn. 2. *kommen:* Wir ... dann hierher nach München. 3. *bekommen:* Nach dem Ende ihres Studiums ... meine Frau hier eine Assistentenstelle. 4. *bewerben:* Ich ... mich danach hier um eine Stelle bei einer Bank. 5. **um***ziehen:* Wir ... dann nach hier ... . 6. *helfen:* Einige Freunde ... uns beim Umzug.

Zur Kontrolle

T41: 1. kommt, kommen 2. machst 3. lerne 4. wohnen, wohnen 5. studiert, studiert 6. machen 7. spielen 8. heißt, heiße 9. Arbeitet, arbeitet 10. Badest, bade

T42: 1. wanderst, wandre 2. Sammelt, sammle 3. Ändern, änd(e)re 4. Erinnerst, erinn(e)re

T43: 1. liest, lese 2. Fahrt, fahre, fährt 3. Hilfst, helfe 4. Spricht, spricht 5. läuft 6. laufen, Läufst, laufe

T44: 1. lernte ... kennen 2. studierte 3. arbeitete 4. freundeten ... an 5. holte ... ab 6. heirateten 7. suchte 8. wohnten

T45: 1. fuhr 2. kamen 3. bekam 4. bewarb 5. zogen ... um 6. halfen
→ R 2, R 8 (Präsens)
→ R 4: Folgende starke Verben ändern bei *du/er/es/sie* im Singular ihren Präsensstamm:

e zu **i**:	brechen, essen, geben, gelten, helfen, messen, nehmen, sprechen, sterben, treffen, treten, verderben, vergessen, werben, werfen
e zu **ie**:	befehlen, empfehlen, geschehen, lesen, stehlen
a zu **ä**:	blasen, braten, fahren, fallen, fangen, graben, halten, laden, lassen, raten, schlafen, schlagen, tragen, wachsen, waschen
au zu **äu**:	laufen, saufen
o zu ö:	stoßen

→ R Verbtabelle im Anhang, Seite 57–59
→ R 2, R 4, R 9 (Präteritum)

Folgende starke Verben haben im Präteritum den Stammvokal

a:	befehlen, beginnen, binden, bitten, brechen (und andere)
i:	beißen, fangen, gehen, gleichen, greifen (und andere)
ie:	braten, fallen, halten, heißen, laufen (und andere)
o:	biegen, fliegen, fliehen, fließen, frieren (und andere)
u:	graben, laden, schaffen, schlagen, tragen (und andere)

→ R Verbtabelle im Anhang, Seite 57–59

T46 *Bilden Sie die Perfektformen!*

1. *heiraten:* Wann ... dein Bruder ...? – Er ... letztes Jahr ... . 2. *hören, kaufen:* Ich ... ..., daß du dir ein Motorrad ... . 3. *arbeiten:*

Wie lange …Sie bei Ihrer letzten Firma …? – Ich … dort zehn Jahre … . **4.** *schicken:* Walter … mir heute ein Telegramm … . **5.** *gratulieren:* Er … mir zu meinem bestandenen Examen … . **6.** *wohnen:* Wo … ihr in Berlin …? **7. aus***probieren:* … du schon deinen neuen Taschenrechner …? **8. aus***füllen:* … Sie die Formulare schon …? **9.** *klingeln, hören:* Eben … jemand an der Tür … . … du das nicht …?

T 47 *Bilden Sie die Perfektformen!*

1. *nehmen (-nomm-):* … du deinen Urlaub schon …? **2.** *helfen (-holf-):* … dir Karl bei der Arbeit …? **3.** *bekommen (-komm-):* Soeben … ich einen Brief aus Japan … . **4.** *schreiben (-schrieb-):* Wer … denn …? **5. an***bieten (-bot-),* **an***nehmen (-nomm-):* Die Firma Keil … mir eine Stelle …, und ich … sie natürlich sofort … . **6.** *schlafen (-schlaf-):* Letzte Nacht … ich sehr schlecht … . **7.** *unterhalten (-halt-):* … du dich bei der Party gut …? **8.** *sprechen (-sproch-):* Ja, ich … mit vielen Leuten … . **9.** *gefallen (-fall-):* Die Party … mir sehr gut … . **10. ein***laden (-lad-):* Meine Bekannten … mich schon wieder zur nächsten Party … .

T 48 *Bilden Sie die Perfektformen mit „sein"!*

1. *wandern:* Wie lange … ihr am Sonntag …? **2. ein***steigen (-stieg-), fahren (-fahr-):* Wir … hier in den Bus … und dann nach Berchtesgaden … . **3.** *gehen (-gang-),* **hinauf***fahren (-fahr-):* Am Königsee … ich mit Irene zum Sessellift … und auf den Jenner … . **4.** *laufen (-lauf-):* Oben … wir mehrere Stunden … . **5. zurück***kehren, bleiben (-blieb-):* Wir … wieder zur Bergstation … und … dort noch eine Stunde …, um Kaffee zu trinken. **6. zurück***kommen (-komm-):* Wann … ihr wieder nach Hause …? **7.** *bleiben (-blieb-):* Wir … eine Nacht in Berchtesgaden … . **8. umher***wandern,* **heim***fahren (-fahr-):* Am nächsten Tag … wir noch in der Umgebung von Berchtesgaden …, und am Abend … wir dann mit dem Zug … .

Zur Kontrolle

T 46: 1. hat … geheiratet, hat … geheiratet 2. habe gehört, gekauft hast 3. haben … gearbeitet, habe … gearbeitet 4. hat … geschickt 5. hat … gratuliert 6. habt … gewohnt 7. Hast … ausprobiert 8. Haben … ausgefüllt 9. hat … geklingelt, Hast … gehört

T 47: 1. Hast … genommen 2. Hat … geholfen 3. habe … bekommen 4. hat … geschrieben 5. hat … angeboten, habe … angenommen 6. habe … geschlafen 7. Hast … unterhalten 8. habe … gesprochen 9. hat … gefallen 10. haben … eingeladen

T48: 1. seid ... gewandert 2. sind ... eingestiegen ... gefahren 3. bin ... gegangen ... hinaufgefahren 4. sind ... gelaufen 5. sind ... zurückgekehrt, sind ... geblieben 6. seid ... zurückgekommen 7. sind ... geblieben 8. sind ... umhergewandert ..., sind ... heimgefahren

T49 *Bilden Sie die Plusquamperfektformen!*

1. *essen (-gess-):* Als ich gestern später nach Hause kam, ... meine Eltern schon zu Abend ... . 2. *reparieren:* Als ich zur Werkstatt kam, ... man meinen Wagen schon ... . 3. **auf***hören:* Als wir gestern wegfahren wollten, ... der Regen ... . 4. **an***fangen (-fang-):* Als wir ins Theater kamen, ... die Vorstellung schon ... . 5. **auf***räumen:* Als wir nach dem Frühstück auf unser Zimmer gingen, ... das Zimmermädchen das Zimmer bereits ... . 6. **ab***holen:* Als ich das Hotel verließ, ... man mein Gepäck schon ... .

T50 *Bilden Sie das Plusquamperfekt mit „sein“!*

1. **ab***fahren (-fahr-):* Als ich zum Bahnhof kam, ... der Zug bereits ... . 2. **aus***ziehen (-zog-):* Als ich Fritz besuchen wollte, ... er bereits aus seiner Wohnung wieder ... . 3. **heim***gehen (-gang-):* Als ich spät zur Party kam, ... die meisten Gäste schon ... . 4. **ab***fliegen (-flog-):* Als wir endlich zum Flugplatz kamen, ... die Maschine bereits ... . 5. *werden (-word-):* Als wir in Hamburg ankamen, ... das Wetter wieder besser ... . 6. **zurück***kehren:* Als ich nach Hause kam, ... meine Eltern bereits von der Wanderung ... .

Zur Kontrolle

T49: 1. hatten ... gegessen 2. hatte ... repariert 3. hatte ... aufgehört 4. hatte ... angefangen 5. hatte ... aufgeräumt 6. hatte ... abgeholt

T50: 1. war ... abgefahren 2. war ... ausgezogen 3. waren ... heimgegangen 4. war ... abgeflogen 5. war ... geworden 6. waren ... zurückgekehrt
→ R 10 (Perfekt und Plusquamperfekt)
→ R 7 (Partizip II)

Bilden Sie aus den Infinitiven Partizip II-Formen!

T51 1. kaufen, machen, klingeln 2. hören, öffnen, wünschen 3. ärgern, meinen, ändern 4. schenken, glauben, wohnen 5. baden, arbeiten, sammeln

T52 1. verkaufen, besuchen, bestellen 2. genügen, bezahlen, besorgen 3. begrüßen, veranstalten, erinnern 4. beantragen, bemitleiden, vernichten

T53 1. aussuchen, abschicken, ausfüllen 2. einwilligen, umtauschen, nachschauen 3. einstecken, abholen, nacharbeiten

T54 1. interessieren, kontrollieren, passieren 2. studieren, gratulieren, anprobieren 3. trompeten, ausposaunen, übernachten

T55 1. aussehen, nachsehen, abfahren 2. ankommen, anziehen (-zog-), aufstehen (-stand-) 3. ausziehen (-zog-), aufbleiben (-blieb-), zurückgehen (-gang-) 4. aufheben (-hob-), mithelfen (-holf-), einsteigen (-stieg-)

T56 1. schlafen, sehen, heißen 2. lesen, riechen (-roch-), finden (-fund-) 3. werfen (-worf-), liegen (-leg-), nehmen (-nomm-)

T57 1. bekommen, gefallen, enthalten 2. verlieren (-lor-), unterbrechen (-broch-), empfehlen (-fohl-)

Zur Kontrolle

T 51: 1. gekauft, gemacht, geklingelt 2. gehört, geöffnet, gewünscht 3. geärgert, gemeint, geändert 4. geschenkt, geglaubt, gewohnt 5. gebadet, gearbeitet, gesammelt

T 52: 1. verkauft, besucht, bestellt 2. genügt, bezahlt, besorgt 3. begrüßt, veranstaltet, erinnert 4. beantragt, bemitleidet, vernichtet

T 53: 1. ausgesucht, abgeschickt, ausgefüllt 2. eingewilligt, umgetauscht, nachgeschaut 3. eingesteckt, abgeholt, nachgearbeitet

T 54: 1. interessiert, kontrolliert, passiert 2. studiert, gratuliert, anprobiert 3. trompetet, ausposaunt, übernachtet

T 55: 1. ausgesehen, nachgesehen, abgefahren 2. angekommen, angezogen, aufgestanden 3. ausgezogen, aufgeblieben, zurückgegangen 4. aufgehoben, mitgeholfen, eingestiegen

T 56: 1. geschlafen, gesehen, geheißen 2. gelesen, gerochen, gefunden 3. geworfen, gelegen, genommen

T 57: 1. bekommen, gefallen, enthalten 2. verloren, unterbrochen, empfohlen

Die Bildung der Partizip II-Formen

	Schwache Verben		Starke Verben	
einfache Verben	stell-	**gestellt**	bind-	**gebunden**
Verben mit Präfixen[1] oder	bestell-	*be*stellt	*ver*bind-	*ver*bunden
festen Verbzusätzen[1]	*um*stell-	*um*stellt	*unter*bind-	*unter*bunden
Verben mit unfesten Verbzusätzen[2]	**um**stell-	**umgestellt**	**ab**bind-	**abgebunden**
Verben mit Endbetonung[1]	studier-	studiert		

→ R 7 (Partizip II): Die Partizip II-Formen werden zur Bildung des Perfekts, des Plusquamperfekts (→ R 10), der Vergangenheitsformen des Konjunktivs (→ R 15) und zur Bildung des Passivs (→ R 12) gebraucht.
Als Teil des Prädikats steht das Partizip II im Satz stets an der zweiten Prädikatsstelle (P^2). (→ R 108 und *Satzbaulineal* Seite 65)

[1] Wenn Verben mit den Präfixen *be-, ent-, emp-, ge-, miß-, zer-* verbunden sind, entfällt das *ge-* beim Partizip II; das gilt auch für die Verben mit Endbetonung und für Verben, die mit den festen Verbzusätzen *durch-, hinter-, über-, um-, voll-, wider-* verbunden sind. Feste Verbzusätze sind wie die Präfixe stets unbetont.

[2] Unfeste Verbzusätze sind immer betont: **um**stellen (vgl. den festen Verbzusatz: *um*stellen).
Unfeste Verbzusätze sind kein sprachliches Problem, sondern lediglich eine orthographische „Konvention". Sie sind im Prinzip selbständige Prädikatsteile (→ R 123, R 124), die nur mit dem Verb orthographisch verbunden werden, wenn sie mit dem Verb zusammentreffen, z. B. mit dem Infinitiv (**ab**fahren), mit dem Partizip (**ab**gefahren) und bei der Endstellung des Prädikats in den Nebensatzformen (..., daß der Zug ... **ab**fährt).

T58 *Bilden Sie die Futurformen!*

1. *fahren:* Morgen ... ich mal nach München ... . **2.** *besuchen:* Ich ... dort meine Freunde ... . **3.** *sein:* Ich ... bestimmt erst spät wieder zurück ... . **4.** *sein:* Kurt und Erika ... jetzt etwa fünf Jahre verheiratet ... . **5.** *bestehen:* Sei unbesorgt. Du ... die Prüfung bestimmt ... . **6.** *schreiben:* Ihr ... uns doch hoffentlich aus dem Urlaub ...! **7.** *schicken:* Wir ... euch bestimmt eine Ansichtskarte aus Rom ... . **8.** *wohnen:* Unser Nachbar ... hier schon mindestens zwanzig Jahre ... . **9.** *haben:* Der Chef ... jetzt eine Besprechung ... . **10.** *dauern:* Die Besprechung ... sicher nicht mehr lange ... .

T59 *Bilden Sie die Futurformen! (Futur II)*

1. *passieren:* Da vorn ... ein Unfall ... . **2.** *geben:* Es ... wieder Verletzte ... . **3.** *benachrichtigen:* Man ... die Polizei schon ... . **4.** *bestehen:* Inzwischen ... dein Sohn sein Examen ... . **5.** *reisen:* Unsere Nachbarn ... nach Italien ... . **6.** *sich bessern:* Bis morgen ... sich das Wetter ... . **7.** *überstehen:* Der Patient ... inzwischen die Operation ... . **8.** *bringen:* Peter ... seine Freundin nach Hause ... . **9.** *reparieren:* Der Fernsehmechaniker ... inzwischen unseren Fernseher ... . **10.** *öffnen:* Die Geschäfte ... jetzt sicher schon ... .

Zur Kontrolle

T 58: 1. werde ... fahren 2. werde ... besuchen 3. werde ... sein 4. werden ... sein 5. wirst ... bestehen 6. werdet ... schreiben 7. werden ... schicken 8. wird ... wohnen 9. wird ... haben 10. wird ... dauern

T 59: 1. wird ... passiert sein 2. wird ... gegeben haben 3. wird ... benachrichtigt haben 4. wird ... bestanden haben 5. werden ... gereist sein 6. wird ... gebessert haben 7. wird ... überstanden haben 8. wird ... gebracht haben 9. wird ... repariert haben 10. werden ... geöffnet haben
→ R 10 (Futur): Wenn sich ein Geschehen/Sein in der Vergangenheit (→ R 127) abgespielt hat und zum Ausdruck der Vermutung das Futur gebraucht wird (→ R 28, R 132), wird die Vergangenheit mit dem Infinitiv von *haben/sein* + Partizip II ausgedrückt.
(→ R 10 Anmerkung)
Thomas **wird** gestern in der Schule **gewesen sein.**
Er **wird** dort sein Zeugnis **bekommen haben.**

T 60 *Bilden Sie das Passiv Präsens!*

1. *verkaufen:* Nächste Woche ... das Haus ... . 2. *bezahlen:* Heute ... die Rechnungen ... . 3. **auf***stellen:* Jetzt ... die Fußballmannschaft für das nächste Spiel ... . 4. *unterschreiben:* Wann ... der Vertrag ...? 5. *benachrichtigen:* ... Herr Meyer auch ...? 6. **ab***holen:* ... ich vom Bahnhof ...? 7. *kontrollieren:* ... unsere Pässe an der Grenze ...? 8. **ein***laden:* ... wir zu der Feier ...?

T 61 *Bilden Sie das Passiv Perfekt!*

1. *reservieren:* ... die Hotelzimmer schon ... ...? 2. **an***rufen:* ... ich heute nachmittag ... ...? 3. **ab***holen:* Ich ... von meiner Schwester vom Bahnhof ... . 4. *fotografieren:* Sie ... eben ... . 5. *begrüßen:* Die Touristen ... von einer hübschen Reiseleiterin ... . 6. **mit***nehmen:* Felix ... von einer Autofahrerin nach Köln ... . 7. **wieder***wählen:* Der Politiker ... nicht ... . 8. **auf***stellen:* Wer ... jetzt als Kandidat ... ...?

T 62 *Bilden Sie das Passiv Perfekt, und leiten Sie die Sätze mit „Wissen Sie, (daß) ...?" oder „Wissen Sie, (ob) ...?" ein!*

1. *besorgen* / die Theaterkarten für morgen 2. *verkaufen* / das Haus 3. *bezahlen* / die Miete für den nächsten Monat 4. *buchen* / der Flug nach Berlin 5. *operieren* / der Patient / sofort 6. *sperren* / die Straße nach Erding / gestern 7. *entlassen* / Herr Fink / von seiner Firma 8. *bedienen* / hier im Restaurant / die Gäste / vorzüglich

T63 *Bilden Sie das Passiv Präsens! (subjektlose Sätze)*

1. *rauchen:* Hier ... nicht ...! **2.** *fahren:* Auf der Autobahn ... meistens zu schnell ... . **3.** *singen, tanzen:* In diesem Lokal ... meistens bis nach Mitternacht ... und ... . **4.** *diskutieren:* Unter den Studenten ... oft stundenlang ... . **5.** *reden, sagen:* In den Versammlungen ... oft lange ... und nichts ... . **6.** *arbeiten, feiern:* Morgen ... nicht ..., sondern ... . **7.** *sprechen:* Jetzt ... oft von den Gefahren der Atomenergie ... . **8.** *gehen:* Kinder! Jetzt ... ins Bett ...! **9.** *helfen:* Dir ... auf jeden Fall ... .

Zur Kontrolle

T60: 1. wird ... verkauft 2. werden ... bezahlt 3. wird ... aufgestellt 4. wird ... unterschrieben 5. Wird ... benachrichtigt 6. Werde ... abgeholt 7. Werden ... kontrolliert 8. Werden ... eingeladen

T61: 1. Sind ... reserviert worden 2. Bin ... angerufen worden 3. bin ... abgeholt worden 4. sind ... fotografiert worden 5. sind ... begrüßt worden 6. ist ... mitgenommen worden 7. ist ... wiedergewählt worden 8. ist ... aufgestellt worden

T62: 1. daß/ob ... besorgt worden sind 2. daß/ob ... verkauft worden ist 3. daß/ob ... bezahlt worden ist 4. daß/ob ... gebucht worden ist 5. daß/ob ... operiert worden ist 6. daß/ob ... gesperrt worden ist 7. daß/ob ... entlassen worden ist 8. daß/ob ... bedient worden sind

T63: 1. wird ... geraucht 2. wird ... gefahren 3. wird ... gesungen und getanzt 4. wird ... diskutiert 5. wird ... geredet ... gesagt 6. wird ... gearbeitet, ... gefeiert 7. wird ... gesprochen 8. wird ... gegangen 9. wird ... geholfen
→ R 11, R 12: Das Passiv ist ein formalgrammatisches Mittel, um den Mitteilungsaspekt dem Kontext anzupassen. Man kann Sätze zu Passivsätzen transformieren, wenn man das Akkusativobjekt als Subjekt (Nominativ) einsetzt. Das „ursprüngliche" Subjekt wird im Passivsatz mit der Präposition *von* (Urheber des Geschehens) oder *durch* (Ursache des Geschehens) gekennzeichnet.

Hans hat *mich* vom Büro abgeholt.	*Ich* **bin** *(von Hans)* vom Büro **abgeholt worden.**
Ein Schuß hat *den Mann* getötet.	*Der Mann* **ist** *durch einen Schuß* **getötet worden.**

Subjektlose Passivsätze entstehen, wenn das Prädikat von einem Verb besetzt wird, das sonst kein Akkusativobjekt (Oa) erfordert (→ R 29).

Wir helfen *dir.*	*Dir* **wird geholfen.**
Wir sorgen *für dich.*	*Für dich* **wird gesorgt.**
Wir haben heute *der Toten* gedacht.	Heute **wurde** *der Toten* **gedacht.**

T64 *Bilden Sie die Konjunktiv I-Formen (bzw. ersatzweise die Konjunktiv II-Formen) zum Ausdruck der Gegenwart oder der Zukunft!*

1. *lernen:* Sagtest du nicht, daß Helga Türkisch ...? **2.** *anrufen:* Peter sagte mir, er ... heute abend noch einmal ... . **3.** *spielen:* Hat dir unser Nachbar auch gesagt, daß unsere Kinder immer in seinem Garten ...? 4. *wohnen:* Wie mir Erich erzählte, ... seine Eltern jetzt auf dem Land. 5. *arbeiten:* Ich habe gehört, Sie ... ab nächsten Monat bei der Post? 6. *sammeln:* Karl sagte, er ... deutsche Briefmarken. 7. *studieren:* Wie mir Ihre Frau erzählte, ... Ihre beiden Töchter Sprachen. 8. *heiraten:* In der Zeitung habe ich gelesen, daß Bruno und Elke heute ... .

T65 *Konjunktiv I-Formen (bzw. Konjunktiv II-Formen) zum Ausdruck der Vergangenheit*

1. *kaufen:* Ich hörte, Sie ... sich einen neuen Fotoapparat ... . 2. *wandern:* Euer Vater sagte mir, er ... gestern um den ganzen See ... .
3. *spielen:* Ich habe gelesen, daß euer Verein letzten Sonntag gegen die Mannschaft aus Limburg ... . 4. **kennen***lernen:* Wie mir Erika erzählt hat, ... Sie sich beide während des Studiums ... . 5. **ab***holen:* Wie ich gehört habe, ... Ihr Fahrer die Gäste gestern nicht vom Flughafen ... .
6. *verkaufen:* Jemand erzählte mir, daß unsere Nachbarn ihr Haus ... .

T66 *Konjunktiv I-Formen (bzw. Konjunktiv II-Formen) zum Ausdruck der Gegenwart oder der Zukunft.*

1. *lesen:* Deine Mutter sagte, dein Bruder ... überhaupt keine Zeitung.
2. **zurück***kommen:* Ich hörte, daß deine Eltern morgen aus dem Urlaub ... .
3. *fahren:* Hast du mir nicht erzählt, daß Peter immer sehr leichtsinnig Motorrad ...? 4. *gehen:* Vater sagte, Hans und Peter ... morgen zum Skilaufen. 5. *fahren:* Wie er mir sagte, ... sie mit dem Bus ins Skigebiet.
6. *bleiben:* Peter habe ihm auch gesagt, daß sie übers Wochenende dort ...
7. **zurück***kommen:* und sie erst am Montag wieder nach Hause ... .

T67 *Leiten Sie die Sätze ein mit „In der Zeitung stand, ...“ / „Ich habe in der Zeitung gelesen, daß ...“!*

1. **zurück***treten:* Der Finanzminister ... gestern ... . 2. **an***steigen:* Die Arbeitslosenzahl ... im letzten Monat auf 1,6 Millionen ... . 3. *verlaufen:* Die gestrige Protestversammlung ... ruhig ... . 4. *geben:* Auf der Autobahn München-Salzburg ... es gestern eine Massenkarambolage ... .
5. *zerschlagen:* In Antwerpen ... die Polizei einen Rauschgifthändlerring ... . 6. *erhalten:* Ein amerikanischer Wissenschaftler ... den diesjährigen Nobelpreis für Medizin ... . 7. *beginnen:* Gestern ... in Bochum das Musikfestival ... . 8. **ein***treffen:* Bis gestern ... dort Zehntausende von Musikfans ... .

Zur Kontrolle

T 64: 1. lerne 2. rufe ... an 3. spielten (spielen würden) 4. wohnten (würden ... wohnen) 5. arbeiteten (würden ... arbeiten) 6. sammle 7. studierten (würden ... studieren) 8. heirateten (heiraten würden)

T 65: 1. hätten ... gekauft 2. sei ... gewandert 3. gespielt habe 4. hätten ... kennengelernt 5. habe ... abgeholt 6. verkauft hätten

T 66: 1. lese 2. zurückkämen (zurückkommen würden) 3. fahre 4. gingen (würden gehen) 5. führen (würden ... fahren) 6. blieben (bleiben würden) 7. zurückkämen (zurückkommen würden)

T 67: 1. sei ... zurückgetreten 2. sei ... angestiegen 3. sei ... verlaufen 4. habe ... gegeben 5. habe ... zerschlagen 6. habe ... erhalten 7. habe ... begonnen 8. seien ... eingetroffen
→ R 13, R 15: Der Konjunktiv I wird zum Ausdruck der „indirekten Rede“ und zur Weitergabe von Informationen gebraucht, die aus fremder Quelle stammen.

T 68 *Bilden Sie die Konjunktiv II-Formen!*

1. *arbeiten:* Ich habe gedacht, du ... in der Stadtverwaltung. 2. sich *vorbereiten:* Wir meinten, ihr ... euch auf das Examen ... . 3. *stören:* Ich fürchtete, ich ... den Chef bei der Arbeit. 4. sich *kümmern:* Die Nachbarn behaupten, Frau Bach ... sich nicht um ihre Kinder. Das ist aber nicht wahr. 5. *verdienen:* Die Leute tun immer so, als ... sie eine Menge Geld. 6. *heiraten:* Frau Kreil erzählt mir, sie ... demnächst. Stimmt das? 7. *funktionieren:* Im ersten Moment glaubte ich, der Apparat ... nicht. Er ist aber in Ordnung. 8. *stimmen:* Du hast behauptet, die Rechnung ... nicht. Sie stimmt aber.

T 69 *Bilden Sie Konjunktiv II-Formen! (Vergangenheit)*

1. *lernen:* Paul behauptet immer, meine Kinder ... in der Schule nichts ... . 2. sich *freuen:* Ich habe gedacht, ihr ... euch über mein Geschenk ... . 3. *wohnen:* Ich war der Meinung, Sie ... in einem Einfamilienhaus ... und nicht in einem Wohnblock. 4. *wandern:* Ich dachte, Erwin und Olga ... an den See ... und nicht in die Stadt gefahren. 5. *studieren:* Ich war der Meinung, Helga ... Chemie ..., nicht Medizin. 6. *verkaufen:* Rudi behauptet, er ... sein Motorrad günstig ... . 7. *siegen:* Ich dachte, euer Verein ... beim letzten Fußballspiel ... . 8. *machen:* Ich dachte, du ... ein Foto von mir ... .

T 70 *Bilden Sie die Konjunktiv II-Formen!*

1. *kommen:* Ich dachte, Sie ... aus Berlin; dabei kommen Sie aus Hamburg. 2. *fahren:* Meine Eltern meinen, wir ... mit dem Zug; dabei fahren wir mit

dem Auto. 3. *bleiben:* Wir hofften, daß die Gäste länger ..., aber sie reisen morgen schon ab. 4. *bekommen:* Wir meinten, wir ... heute frei; dabei müssen wir doch arbeiten. 5. *verstehen:* Ich dachte, der Mann ... Deutsch. 6. *schließen:* Du sagtest, die Tür ... automatisch. Sie tut es aber nicht. 7. *gehen:* Ich dachte immer, Fritz ... es gut. Aber das stimmt nicht. 8. sich an*sehen:* Die Eltern denken, Monika ... jetzt den Film ...; dabei ist sie bei uns.

T71 *Bilden Sie die Konjunktiv II-Formen! (Vergangenheit)*

1. an*nehmen:* Ich an deiner Stelle ... das Geld von dem Mann nicht ... . 2. *leihen:* ... du mir denn das Geld ...? 3. *rufen:* Mir war, als ... mich jemand ... . 4. *fliegen:* Die Leute erzählen, du ... aus deiner Firma ... . 5. *verschlafen, bekommen:* Wenn ich gestern nicht ... ..., ... ich den Zug noch ... . 6. *gewinnen:* Gabi hat geträumt, sie ... im Toto viel Geld ... . 7. *bitten, geben:* ... Sie mich um Geld ..., ... ich es Ihnen auch ... . 8. *bleiben,* ab*bekommen:* ... ihr gestern zu Hause ..., ... ihr auch etwas von dem Kuchen, den ich gebacken habe, ...

Zur Kontrolle

T68: 1. arbeitetest (würdest ... arbeiten) 2. bereitetet ... vor (würdet ... vorbereiten) 3. störte (würde ... stören) 4. kümmerte (würde ... kümmern) 5. verdienten (würden ... verdienen) 6. heiratete (würde ... heiraten) 7. funktionierte (würde ... funktionieren) 8. stimmte (würde ... stimmen)

T69: 1. hätten ... gelernt 2. hättet ... gefreut 3. hätten ... gewohnt 4. wären ... gewandert 5. hätte ... studiert 6. hätte ... verkauft 7. hätte ... gesiegt 8. hättest ... gemacht

T70: 1. kämen (würden ... kommen) 2. führen (würden ... fahren) 3. blieben (bleiben würden) 4. bekämen (würden ... bekommen) 5. verstünde (würde ... verstehen) 6. schlösse (würde ... schließen) 7. ginge (würde ... gehen) 8. sähe ... an (würde ... ansehen)

T71: 1. hätte ... angenommen 2. Hättest ... geliehen 3. hätte ... gerufen 4. wärest ... geflogen 5. verschlafen hätte, hätte ... bekommen 6. hätte ... gewonnen 7. Hätten ... gebeten, hätte ... gegeben 8. Wäret ... geblieben, hättet ... abbekommen

→ R 14, R 15: Die Konjunktiv II-Formen der starken Verben lassen sich vom Präteritum ableiten. Dabei werden die Stammvokale im Präteritum (*a*, *o*, *u*) zu Umlauten umgebildet (*ä*, *ö*, *ü*). Einige starke Verben nehmen auch andere Umlaute als Konjunktiv II-Signal an (→ R Verbtabelle Seite 57–59).
Die meisten Konjunktiv II-Formen der starken Verben werden, wenn sie einen Umlaut haben, in der Umgangssprache weitgehend vernachlässigt und treten fast nur noch im schriftlichen Ausdruck und in der Literatur auf.

T72 *Bilden Sie die Imperativformen für die Anrede „du“ und „ihr“!*

1. Rufen Sie mich bitte heute abend an! **2.** Kommen Sie bitte morgen wieder vorbei! **3.** Laden Sie bitte auch den Gast aus Italien zur Party ein! **4.** Holen Sie mich bitte vom Bahnhof ab! **5.** Bestellen Sie bitte Ihren Eltern herzliche Grüße von mir! **6.** Bringen Sie mir bitte eine Tasse Kaffee! **7.** Schreiben Sie mir bitte bald! **8.** Bleiben Sie bitte nicht zu lange in Berlin! **9.** Fahren Sie bitte nicht so schnell! **10.** Steigen Sie bitte gleich ein!

T73 *Bilden Sie die Imperativformen für die Anrede „du“ und „ihr“!*

1. Geben Sie mir bitte die Zeitung! **2.** Nehmen Sie doch den Zug um 8 Uhr 45! **3.** Unterbrechen Sie doch Ihre Reise in Paris! **4.** Lesen Sie mal dieses Buch! **5.** Nehmen Sie doch dieses Zimmer! **6.** Helfen Sie bitte Ihrem Kollegen! **7.** Sprechen Sie bitte etwas langsamer! **8.** Erschrecken Sie nicht! **9.** Essen Sie nicht so hastig! **10.** Sehen Sie sich einmal die Bilder an!

Zur Kontrolle

T 72: 1. Ruf(e) … an / Ruft … an 2. Komm(e) … vorbei / Kommt … vorbei 3. Lade … ein / Ladet … ein 4. Hol(e) … ab / Holt … ab 5. Bestell(e) … deinen Eltern / Bestellt … euren Eltern 6. Bring(e) / Bringt 7. Schreib(e) / Schreibt 8. Bleib(e) / Bleibt 9. Fahr(e) / Fahrt 10. Steig(e) … ein / Steigt … ein

T 73: 1. Gib / Gebt 2. Nimm / Nehmt 3. Unterbrich … deine Reise / Unterbrecht … eure Reise 4. Lies / Lest 5. Nimm / Nehmt 6. Hilf … deinem Kollegen / Helft … eurem Kollegen 7. Sprich / Sprecht 8. Erschrick / Erschreckt 9. Iß / Eßt 10. Sieh dir … an / Seht euch … an

→ R 16, R 30

Die Stammformen der starken Verben

Unfeste Verbzusätze (vgl. Seite 39) sind halbfett gedruckt. Ziehen Sie bei der Bildung der Sätze das *Satzbaulineal* zu Rate! (→ R Seite 65)

Bilden Sie Sätze im Präsens, Präteritum und Perfekt!

T74 **1.** *backen* / Inge / einen Kuchen **2.** **übereinander***hängen* / die nassen Mäntel / warum? **3.** **ab***hängen* / der Erfolg im Leben / vom Glück und vom Fleiß **4.** *bergen* / der Hubschrauber / die verunglückten Bergsteiger **5.** *verbergen* / er / etwas / vor ihr **6.** *gelten* / diese Briefmarken / noch? **7.** *helfen* / ich / dir **8.** *sterben* / der Patient **9.** *verderben* / das Obst **10.** *sich bewerben* / der junge Mann / bei unserer Firma

T75 1. *entwerfen* / unser Architekt / einen Bauplan für unser neues Haus 2. **fort***werfen* / ihr / die neuen Zeitschriften / warum? 3. *unterbrechen* / wir / unsere Reise / in Paris 4. **herein***brechen* / ein Unwetter 5. *versprechen* / Bruno / dir / pünktlich zu kommen? 6. *sprechen* / unser Gast aus Japan / sehr gut / Deutsch 7. *widersprechen* / du / mir / immer / warum? 8. **an***stechen* / der Wirt / ein neues Faß Bier 9. *erschrecken* / du / warum? 10. sich *treffen* / ihr / wo?

T76 1. **ein***treffen* / die Gäste / hier / wann? 2. *vernehmen* / der Richter / die Zeugen? 3. **weg***nehmen* / ihr / den Kindern / den Ball / warum? 4. *empfehlen* / ich / Ihnen / das Hotel „Zur alten Post" 5. *gehen* / wir / ins Theater 6. **kaputt***gehen* / meine Schuhe 7. *beginnen* / der Unterricht / wann? 8. *verrinnen* / die schönen Stunden / im Nu 9. *trinken* / ihr / Tee oder Kaffee? 10. *gelingen* / der Laborversuch / bestimmt

T77 1. **ab***klingen* / meine Kopfschmerzen / langsam 2. *singen* / die Kinder / was? 3. *sinken* / das havarierte Schiff 4. *zerspringen* / das Glas / in heißem Wasser 5. *bezwingen* / die erfahrenen Bergsteiger / den Berg / in wenigen Stunden 6. *finden* / ihr / hier / ein Zimmer / wo? 7. **fest***binden* / die Fischer / ihr Boot / am Ufer 8. **statt***finden* / das Konzert / wann? 9. *verschwinden* / die Segelboote / am Horizont 10. *mißlingen* / das Experiment / bestimmt

T78 1. *schwimmen* / der Junge / über den Fluß 2. *sich entspinnen* / eine Beziehung / zwischen den jungen Leuten 3. *sitzen* / man / in euren Sesseln / bequem 4. **ab***sitzen* / der Betrüger / seine zweijährige Gefängnisstrafe 5. *bitten* / ich / Sie / um Ihre Hilfe 6. *sich verbitten* / wir / eine solche Unhöflichkeit 7. *liegen* / Ihr Haus / sehr schön 8. *unterliegen* / die Medikamente / einer strengen Arzneimittelkontrolle 9. **brach***liegen* / dieses Land / schon seit vielen Jahren 10. *liegen* / das Geigespielen / meinem Sohn / nicht

Zur Kontrolle

T 74: 1. bäckt / buk / hat … gebacken 2. hängen … übereinander / hingen … übereinander / haben … übereinandergehangen 3. hängt … ab / hing … ab / hat … abgehangen 4. birgt / barg / hat … geborgen 5. verbirgt / verbarg / hat … verborgen 6. gelten / galten / haben … gegolten 7. helfe / half / habe … geholfen 8. stirbt / starb / ist … gestorben 9. verdirbt / verdarb / ist … verdorben 10. bewirbt sich / bewarb sich / hat sich … beworben

T 75: 1. entwirft / entwarf / hat … entworfen 2. werft … fort / warft … fort / habt … fortgeworfen 3. unterbrechen / unterbrachen / haben … unterbrochen 4. bricht … herein / brach … herein / ist … hereingebrochen 5. verspricht / versprach / hat … versprochen 6. spricht / sprach / hat … gesprochen 7. widersprichst / widersprachst

/ hast ... widersprochen 8. sticht ... an / stach ... an / hat ... angestochen 9. erschrickst / erschrakst / bist ... erschrocken 10. trefft ... euch / traft ... euch / habt ... euch getroffen

T 76: 1. treffen ... ein / trafen ... ein / sind ... eingetroffen 2. vernimmt / vernahm / hat ... vernommen 3. nehmt ... weg / nahmt ... weg / habt ... weggenommen 4. empfehle / empfahl / habe ... empfohlen 5. gehen / gingen / sind ... gegangen 6. gehen ... kaputt / gingen ... kaputt / sind ... kaputtgegangen 7. beginnt / begann / hat ... begonnen 8. verrinnen / verrannen / sind ... verronnen 9. trinkt / trankt / habt ... getrunken 10. gelingt / gelang / ist ... gelungen

T 77: 1. klingen ... ab / klangen ... ab / sind ... abgeklungen 2. singen / sangen / haben ... gesungen 3. sinkt / sank / ist ... gesunken 4. zerspringt / zersprang / ist ... zersprungen 5. bezwingen / bezwangen / haben ... bezwungen 6. findet / fandet / habt ... gefunden 7. binden ... fest / banden ... fest / haben ... festgebunden 8. findet ... statt / fand ... statt / hat ... stattgefunden 9. verschwinden / verschwanden / sind ... verschwunden 10. mißlingt / mißlang / ist ... mißlungen

T 78: 1. schwimmt / schwamm / ist ... geschwommen 2. entspinnt sich / entspann sich / hat sich ... entsponnen 3. sitzt / saß / hat ... gesessen 4. sitzt ... ab / saß ... ab / hat ... abgesessen 5. bitte / bat / habe ... gebeten 6. verbitten uns / verbaten uns / haben uns ... verbeten 7. liegt / lag / hat ... gelegen 8. unterliegen / unterlagen / haben unterlegen 9. liegt ... brach / lag ... brach / hat ... brachgelegen 10. liegt / lag / hat ... gelegen

Starke Verben verändern im Präsens, im Präteritum und beim Partizip II ihre Stammvokale. Starke Verben mit Präfixen oder Verbzusätzen verändern sich wie die Grundverben.
→ R 4 (1. Gruppe)

Präsensstamm	Präteritumstamm	Partizip II-Stamm	Ablautreihe
backen / er bäckt	er buk	gebacken	a/ä – ū – a
hängen	er hing	gehangen	e – i – a
sprechen / spricht	er sprach	gesprochen	e/i – ā – o
helfen / er hilft	er half	geholfen	e/i – a – o
stehlen / er stiehlt	er stahl	gestohlen	e/ie – ā – ō
gehen	er ging	gegangen	e – i – a
beginnen	er begann	begonnen	i – a – o
trinken	er trank	getrunken	i – a – u
sitzen	er saß	gesessen	i – ā – e
liegen	er lag	gelegen	ie – ā – ē

wie *sprechen*: brechen, treffen, nehmen
wie *helfen:* gelten, sterben, verderben, werfen
wie *stehlen:* empfehlen, befehlen
wie *beginnen:* rinnen, schwimmen, gewinnen
wie *trinken:* dringen, gelingen, klingen, ringen, singen, sinken, springen, stinken, zwingen
wie *sitzen:* bitten

Bilden Sie Sätze im Präsens, Präteritum und Perfekt!

T79 1. *fangen* / unsere Katze / viele Mäuse 2. *empfangen* / die Ministerin / ihre Besucher / in ihrem Arbeitszimmer 3. **an***fangen* / ihr / mit dem Unterricht / wann? 4. *halten* / der Zug / in Bonn? 5. **ab***halten* / Sie / mich / nicht / von der Arbeit 6. **warm***halten* / der Mantel / im Winter / sehr schön 7. sich *unterhalten* / die Leute / worüber? 8. **vor***enthalten* / Sie / mir / diese wichtige Information / warum? 9. *fallen* / die Äpfel / unreif / vom Baum 10. *gefallen* / dir / mein neues Kleid?

T80 1. *entlassen* / der Chef / zwei seiner Mitarbeiter 2. *verlassen* /du / mich / warum? 3. **liegen***lassen* / wir / unsere Sachen / hier im Zimmer? 4. *hinterlassen* / der Mann / seinen Kindern / ein großes Vermögen 5. *waschen* / ihr / unsere Wäsche 6. **ab***waschen* / du / das Geschirr 7. **heraus***wachsen* / ein Junge / aus seinen Sachen / schnell 8. **ein***schlafen* / die Kinder / nach dem anstrengenden Tag / schnell 9. **ab***raten* / ich / dir / vom Kauf dieses Wagens 10. **aneinander***geraten* / die Jungen / immer

T81 1. *fahren* / der Zug / nach Hamburg / wie lange? 2. *fahren* / ich / den Wagen / in die Garage 3. *vergraben* / die Piraten / ihre Beute / auf einer einsamen Insel 4. *entladen* / die Dockarbeiter / das Schiff 5. **vor***schlagen* / du / für den heutigen (gestrigen) Abend / was? 6. *vertragen* / ich / leider / keinen Kaffee 7. *übertragen* / der Seniorchef / seinem Sohn / die Geschäftsführung 8. *laufen* / der Wasserhahn / ständig 9. *sich belaufen* / unsere Hotelrechnung / auf beinahe 300 DM 10. *laufen* / hier / ständig / Kinder / über die Straße

T82 1. *vermessen* / der Geometer / das Baugrundstück 2. *zerfressen* / der Rost / die Autokarrosserie 3. *vergessen* / ich / immer / deine Telefonnummer 4. *essen* / du / gern / was? 5. **auf***essen* / die Kinder / immer / den Pudding / zuerst 6. **aus***geben* / im Urlaub / wir / oft / viel Geld 7. **bekannt***geben* / Peter / seine Verlobung 8. **ein***treten* / du / in den Sportverein 9. *übertreten* / viele Autofahrer / oft / die Verkehrsvorschriften 10. *vertreten* / Herr Müller / seine Firma / im Ausland

T83 1. *sehen* / du / die Hütte auf dem Berggipfel? 2. **nach***sehen* / ich / ob Post gekommen ist 3. *geschehen* / auf den Straßen / jeden Tag / viele Verkehrsunfälle 4. *lesen* / mein Vater / viel / Zeitung 5. **auf***lesen* / die Bauernkinder / unter den Bäumen / die Äpfel 6. *heißen* / die Stadt / wie? 7. **gut***heißen* / dein Benehmen / wir / nicht 8. **mit***kommen* / ihr / ins Kino 9. **hinweg***kommen* / Hans / über den Tod seines Freundes 10. **herein***bekommen* / zum Wochenende / wir / neue Ware

T84 **1. zurück*stoßen*** / der Autofahrer / mit seinem Wagen / einen Meter **2. an*rufen*** / ich / sie / heute abend **3. ab*berufen*** / der Ministerpräsident / den Minister / von seinem Posten **4.** ***widerrufen*** / der Zeuge / seine Aussagen vor Gericht **5. ein*berufen*** / der Vereinsvorsitzende / eine Jahresversammlung **6.** ***berufen*** / die Versammlung / ihr ältestes Mitglied / zum Vorsitzenden **7.** ***durchstoßen*** / die Truppen / die feindlichen Linien **8. nieder*stoßen*** / die Unbekannten / den alten Mann **9. zusammen*stoßen*** / die Polizei / mit den Demonstranten **10. zu*stoßen*** / ihm / bestimmt nichts

Zur Kontrolle

T 79: 1. fängt / fing / hat ... gefangen 2. empfängt / empfing / hat ... empfangen 3. fangt ... an / fingt ... an / habt ... angefangen 4. hält / hielt / hat ... gehalten 5. halten ... ab / hielten ... ab / haben ... abgehalten 6. hält ... warm / hielt ... warm / hat ... warmgehalten 7. unterhalten sich / unterhielten sich / haben sich ... unterhalten 8. enthalten ... vor / enthielten ... vor / haben ... vorenthalten 9. fallen / fielen / sind ... gefallen 10. gefällt / gefiel / hat ... gefallen

T 80: 1. entläßt / entließ / hat ... entlassen 2. verläßt / verließest / hast ... verlassen 3. lassen ... liegen / ließen ... liegen / haben ... liegengelassen 4. hinterläßt / hinterließ / hat ... hinterlassen 5. wascht / wuscht / habt ... gewaschen 6. wäschst ... ab / wuschest ... ab / hast ... abgewaschen 7. wächst ... heraus / wuchs ... heraus / ist ... herausgewachsen 8. schlafen ... ein / schliefen ... ein / sind ... eingeschlafen 9. rate ... ab / riet ... ab / habe ... abgeraten 10. geraten ... aneinander / gerieten ... aneinander / sind ... aneinandergeraten

T 81: 1. fährt / fuhr / ist ... gefahren 2. fahre / fuhr / habe ... gefahren 3. vergraben / vergruben / haben ... vergraben 4. entladen / entluden / haben ... entladen 5. schlägst ... vor / schlugst ... vor / hast ... vorgeschlagen 6. vertrage / vertrug / habe ... vertragen 7. überträgt / übertrug / hat ... übertragen 8. läuft / lief / ist ... gelaufen 9. beläuft sich / belief sich / hat sich ... belaufen 10. laufen / liefen / sind ... gelaufen

T 82: 1. vermißt / vermaß / hat ... vermessen 2. zerfrißt / zerfraß / hat ... zerfressen 3. vergesse / vergaß / habe ... vergessen 4. ißt / aßest / hast ... gegessen 5. essen ... auf / aßen ... auf / haben ... aufgegessen 6. geben ... aus / gaben ... aus / haben ... ausgegeben 7. gibt ... bekannt / gab ... bekannt / hat ... bekanntgegeben 8. trittst ... ein / tratest ... ein / bist ... eingetreten 9. übertreten / übertraten / haben ... übertreten 10. vertritt / vertrat / hat ... vertreten

T 83: 1. siehst / sahst / hast ... gesehen 2. sehe ... nach / sah ... nach / habe ... nachgesehen 3. geschehen / geschahen / sind ... geschehen 4. liest / las / hat ... gelesen 5. lesen ... auf / lasen ... auf / haben ... aufgelesen 6. heißt / hieß / hat ... geheißen 7. heißen ... gut / hießen ... gut / haben ... gutgeheißen 8. kommt ... mit / kamt ... mit / seid ... mitgekommen 9. kommt ... hinweg / kam ... hinweg / ist ... hinweggekommen 10. bekommen ... herein / bekamen ... herein / haben ... hereinbekommen

T 84: 1. stößt ... zurück / stieß ... zurück / ist ... zurückgestoßen 2. rufe ... an / rief ... an / habe ... angerufen 3. beruft ... ab / berief ... ab / hat ... abberufen 4. widerruft / widerrief / hat ... widerrufen 5. beruft ... ein / berief ... ein / hat ... einberufen 6. beruft / berief / hat ... berufen 7. durchstoßen / durchstießen / haben

... durchstoßen 8. stoßen ... nieder / stießen ... nieder / haben ... niedergestoßen 9. stößt ... zusammen / stieß ... zusammen / ist ... zusammengestoßen 10. stößt ... zu / stieß ... zu / ist ... zugestoßen
→ R 4 (2. Gruppe)

Präsensstamm	Präteritumstamm	Partizip II-Stamm	Ablautreihe
fangen / er fängt	er fing	gefangen	a/ä – i – a
halten / er hält	er hielt	gehalten	a/ä – ie – a
schaffen	er schuf	geschaffen	a – ū – a
waschen / er wäscht	er wusch	gewaschen	a/ä – ū – a
schlafen / er schläft	er schlief	geschlafen	a/ä – ie – ā
fahren / er fährt	er fuhr	gefahren	a/ä – ū – ā
laufen / er läuft	er lief	gelaufen	au/äu – ie – au
messen / er mißt	er maß	gemessen	e/i – ā – e
geben / er gibt	er gab	gegeben	ē/i – ā – ē
sehen / er sieht	er sah	gesehen	ē/ie – ā – ē
heißen	er hieß	geheißen	ei – ie – ei
kommen	er kam	gekommen	o – ā – o
stoßen / er stößt	er stieß	gestoßen	ō/ō̈ – ie – ō
rufen	er rief	gerufen	ū – ie – ū

wie *halten:* fallen, lassen
wie *waschen:* wachsen
wie *schlafen:* raten, braten
wie *fahren:* graben, laden, schlagen, tragen
wie *messen:* fressen, vergessen, essen (gegessen)
wie *geben:* treten
wie *sehen:* lesen

Bilden Sie Sätze im Präsens, Präteritum und Perfekt!

T85 1. **an***schwellen* / meine verletzte Hand / stark 2. **über***quellen* / sein Herz / vor Freude 3. **weg***schmelzen* / im Frühjahr / die hohe Schneedecke in den Bergen / allmählich 4. *verfechten* / der Oppositionspolitiker / energisch / seinen Standpunkt 5. *bestehen* / Ihre Firma / schon / wie lange? 6. *mißverstehen* / du / mich / immer 7. *gestehen* / der Angeklagte / nach zahlreichen Verhören 8. *stehen* / ich / eine Stunde / hier / und warte 9. **auf***heben* / das Parlament / das veraltete Gesetz 10. *bewegen* / mein Interesse für Japan / mich / Japanisch zu lernen

T86 1. *unterstreichen* / ich / die wichtigsten Passagen im Text 2. *verstreichen* / am Mittwoch / die Zahlungsfrist 3. *begleichen* / Sie / die Rechnung / wann? 4. sich **an***schleichen* / die Katze / an ihre Beute 5. **ab***weichen* / unsere Meinungen / stark / voneinander 6. **ab***pfeifen* / der Schiedsrichter / das Spiel / nach wenigen Minuten 7. *begreifen* / der Junge / das Problem / nicht 8. **ein-**

greifen / die Polizei / bei der nicht genehmigten Demonstration **9. über***greifen* / die Grippeepidemie / auch auf unser Gebiet **10. ab***schleifen* / der Maler / die alte Farbe / von dem Holz

T87 **1. ab***schneiden* / mein Freund / bei der Prüfung / sicher / gut **2. weg***schneiden* / ich / die schlechten Stellen am Apfel **3.** Not *leiden* / nach dem Tode des Vaters / die Familie / eine Zeitlang **4.** sich **hinein***reiten* / du / in eine böse Situation **5. aus***gleiten* / auf dem Eis / man / leicht **6.** *gleiten* / die Eiskunstläufer / elegant / über die Eisfläche **7. ein***schreiten* / die Polizeibeamten / gleich / gegen die Randalierer **8.** *schreiten* / bei der Modevorführung / hübsche Mannequins / über den Laufsteg **9.** sich *zerstreiten* / die Nachbarn / oft / wegen Kleinigkeiten **10.** *reißen* / die alte Wäscheleine / sicher

T88 **1. hinein***reißen* / du / mich / da / in eine böse Situation **2. ab***reißen* / die Baufirma / das alte Haus **3.** *beißen* / der Hund / die Kinder **4.** *beißen* / der Qualm, den der Grill verursacht / in den Augen **5.** *bleiben* / Sie / dort / wie lange? **6. sitzen***bleiben* / wer in der Schule schlecht lernt **7.** *leihen* / Horst / Ilse / sein Fahrrad? **8.** *gedeihen* / auf diesem Boden / die Blumen / sehr gut **9. an***preisen* / auf dem Markt / die Bauersfrauen / ihre Produkte **10. ein***reiben* / vor dem Sonnenbad / wir / unsere Haut / mit einer guten Sonnenschutzcreme

T89 **1. ab***schreiben* / ihr / das Gedicht / aus dem Buch **2. gut***schreiben* / ich / Ihnen / den zuviel bezahlten Betrag **3.** *unterschreiben* / der Chef / vormittags / die Geschäftsbriefe **4. an***schreien* / dich / der Mann / immer / warum? **5.** *verschweigen* / du / mir / etwas **6. um***steigen* / wir / in Köln **7.** *beweisen* / der Angeklagte / seine Unschuld **8.** *verzeihen* / ich / dir / deine unbedachte Äußerung **9.** *erscheinen* / der Minister / endlich / zu der Sitzung / wann? **10. an***treiben* / eine starke Maschine / das Schiff **11. voran***treiben* / wir / energisch / das Projekt

T90 **1. aus***scheiden* / die Mannschaft / aus der Bundesliga **2.** *vermeiden* / diesmal / wir / unsere alten Fehler **3.** *riechen* / hier / es / nach Rauch **4.** *verschießen* / die blaue Farbe / in der Sonne / sehr schnell **5. vor***schießen* / die Firma / mir / ein Monatsgehalt **6. ab***fließen* / im Ausguß / das Wasser / nur sehr langsam **7.** *genießen* / wir / unsere Ferien **8. weg***gießen* / ich / die verdorbene Milch **9. ab***schließen* / abends / wir / die Haustür **10. hervor***sprießen* / nach dem anhaltenden Regen / zwischen den Blumen / das Unkraut

T91 1. **ab***biegen* / an der nächsten Kreuzung / wir / in eine Seitenstraße 2. *frieren* / in den kalten Nächten / es 3. *frieren* / mich / weil das Zimmer kalt ist 4. **ab***fliegen* / die Maschine nach Paris / wann? 5. *fliehen* / der Räuber / vor der Polizei 6. *verschieben* / wir / unsere Besprechung / auf Montag 7. *verlieren* / du / dauernd / deine Sonnenbrille 8. **ab***wiegen* / die Verkäuferin / gerade / das Obst 9. *verbieten* / Sie / den Kindern / auf dem Rasen zu spielen / warum? 10. **ab***ziehen* / die Regenwolken / langsam / nach Südosten

T92 1. *tun* / du / den ganzen Tag / was? 2. **gut***tun* / der Kaffee / mir / am Nachmittag 3. *belügen* / der Junge / mich / immer 4. *betrügen* / der Angestellte / seit vielen Jahren / seine Firma 5. **ab***tun* / du / immer / meine Bedenken / mit einer Handbewegung

Zur Kontrolle

T 85: 1. schwillt ... an / schwoll ... an / ist ... angeschwollen 2. quillt ... über / quoll ... über / ist ... übergequollen 3. schmilzt ... weg / schmolz ... weg / ist ... weggeschmolzen 4. verficht / verfocht / hat ... verfochten 5. besteht / bestand / hat ... bestanden 6. mißverstehst / mißverstandest / hast ... mißverstanden 7. gesteht / gestand / hat ... gestanden 8. stehe / stand ... und wartete / habe ... gestanden und (habe) gewartet 9. hebt ... auf / hob ... auf / hat ... aufgehoben 10. bewegt / bewog / hat ... bewogen

T 86: 1. unterstreiche / unterstrich / habe ... unterstrichen 2. verstreicht / verstrich / ist ... verstrichen 3. begleichen / beglichen / haben ... beglichen 4. schleicht sich ... an / schlich sich ... an / hat sich ... angeschlichen 5. weichen ... ab / wichen ... ab / sind ... abgewichen 6. pfeift ... ab / pfiff ... ab / hat ... abgepfiffen 7. begreift / begriff / hat ... begriffen 8. greift ... ein / griff ... ein / hat ... eingegriffen 9. greift ... über / griff ... über / hat ... übergegriffen 10. schleift ... ab / schliff ... ab / hat ... abgeschliffen

T 87: 1. schneidet ... ab / schnitt ... ab / hat ... abgeschnitten 2. schneide ... weg / schnitt ... weg / habe ... weggeschnitten 3. leidet / litt / hat ... gelitten 4. reitest dich ... hinein / rittest dich ... hinein / hast dich ... hineingeritten 5. gleitet ... aus / glitt ... aus / ist ... ausgeglitten 6. gleiten / glitten / sind ... geglitten 7. schreiten ... ein / schritten ... ein / sind ... eingeschritten 8. schreiten / schritten / sind ... geschritten 9. zerstreiten sich / zerstritten sich / haben sich ... zerstritten 10. reißt / riß / ist ... gerissen

T 88: 1. reißt ... hinein / rissest ... hinein / hast ... hineingerissen 2. reißt ... ab / riß ... ab / hat ... abgerissen 3. beißt / biß / hat ... gebissen 4. beißt / biß / hat ... gebissen 5. bleiben / blieben / sind ... geblieben 6. bleibt ... sitzen / blieb ... sitzen / ist ... sitzengeblieben 7. leiht / lieh / hat ... geliehen 8. gedeihen / gediehen / sind ... gediehen 9. preisen ... an / priesen ... an / haben ... angepriesen 10. reiben ... ein / rieben ... ein / haben ... eingerieben

T 89: 1. schreibt ... ab / schriebt ... ab / habt ... abgeschrieben 2. schreibe ... gut / schrieb ... gut / habe ... gutgeschrieben 3. unterschreibt / unterschrieb / hat ... unterschrieben 4. schreit ... an / schrie ... an / hat ... angeschrien 5. verschweigst / verschwiegst / hast ... verschwiegen 6. steigen ... um / stiegen ... um / sind ... umgestiegen 7. beweist / bewies / hat ... bewiesen 8. verzeihe / verzieh / habe ... verziehen 9. erscheint / erschien / ist ... erschienen 10. treibt ... an / trieb ... an / hat ... angetrieben 11. treiben ... voran / trieben ... voran / haben ... vorangetrieben

T 90: 1. scheidet ... aus / schied ... aus / ist ... ausgeschieden 2. vermeiden / vermieden / haben ... vermieden 3. riecht / roch / hat ... gerochen 4. verschießt / verschoß / ist ... verschossen 5. schießt ... vor / schoß ... vor / hat ... vorgeschossen 6. fließt ... ab / floß ... ab / ist ... abgeflossen 7. genießen / genossen / haben ... genossen 8. gieße ... weg / goß ... weg / habe ... weggegossen 9. schließen ... ab / schlossen ... ab / haben ... abgeschlossen 10. sprießt ... hervor / sproß ... hervor / ist ... hervorgesprossen

T 91: 1. biegen ... ab / bogen ... ab / sind ... abgebogen 2. friert / fror / hat ... gefroren 3. friert / fror / hat ... gefroren 4. fliegt ... ab / flog ... ab / ist ... abgeflogen 5. flieht / floh / ist ... geflohen 6. verschieben / verschoben / haben ... verschoben 7. verlierst / verlorst / hast ... verloren 8. wiegt ... ab / wog ... ab / hat ... abgewogen 9. verbieten / verboten / haben ... verboten 10. ziehen ... ab / zogen ... ab / sind ... abgezogen

T 92: 1. tust / tatest / hast ... getan 2. tut ... gut / tat ... gut / hat ... gutgetan 3. belügt / belog / hat ... belogen 4. betrügt / betrog / hat ... betrogen 5. tust ... ab / tatest ... ab / hast ... abgetan
→ R 4 (3. Gruppe)

Präsensstamm	Präteritumstamm	Partizip II-Stamm	Ablautreihe
fechten / er ficht	er focht	gefochten	e/i – o – o
stehen	er stand	gestanden	ē – a – a
heben	er hob	gehoben	ē – ō – ō
streichen	er strich	gestrichen	ei – i – i
bleiben	er blieb	geblieben	ei – ie – ie
riechen	er roch	gerochen	ie – o – o
biegen	er bog	gebogen	ie – ō – ō
schwören	er schwor	geschworen	ȫ – ō – ō
tun	er tat	getan	ū – ā – ā
lügen	er log	gelogen	ǖ – ō – ō

wie ***fechten:*** schmelzen, quellen, schwellen
wie ***heben:*** bewegen
wie ***streichen:*** gleichen, schleichen, weichen, pfeifen, greifen, schleifen, schneiden, leiden, reiten, gleiten, schreiten, streiten, reißen, beißen
wie ***bleiben:*** leihen, gedeihen, preisen, reiben, schreiben, schreien, schweigen, steigen, weisen, scheinen, treiben, meiden, scheiden
wie ***riechen:*** schießen, fließen, genießen, gießen, schließen, sprießen
wie ***biegen:*** frieren, fliegen, fliehen, schieben, verlieren, wiegen, bieten, ziehen
wie ***lügen:*** trügen

Verben mit Mischformen („Unregelmäßige Verben“)

T93 *Setzen Sie die Präsensformen ein!*

1. *wissen, nennen, bringen:* ... du, wie man jemanden ..., der regelmäßig die Zeitung ...? 2. *wissen, nennen:* Natürlich ... ich das. Man ... ihn Zeitungsausträger. 3. *kennen, rennen:* Wer von euch ... ein Tier, das schneller als 50 Stundenkilometer ...? 4. *denken:* Der Mensch ..., und Gott lenkt. 5. sich *wenden, kennen:* Am besten ... Sie sich direkt an den Chef. Der ... das Problem. 6. *verbrennen:* Ich ... die alten Akten.

T94 *Setzen Sie die Präteritumformen ein!*

1. *brennen, rennen:* Als das Haus ..., ... alle Bewohner auf die Straße. 2. *kennen:* Ich ... den Hausbesitzer. 3. sich *wenden:* Ich ... mich mit meiner Bitte an die Sekretärin. 4. *nennen:* Sie ... mir Ihren Namen noch nicht. 5. *denken, bringen:* Was ... wohl die alte Dame, als man ihr die Blumen ...? 6. *senden:* Wer ... dir die Glückwünsche? 7. *wissen:* ... Sie das?

T95 *Setzen Sie die Perfektformen ein!*

1. *kennen:* Ich ... den Mann nicht ... . 2. *nennen:* Wer ... Ihnen meinen Namen ...? 3. *wissen, bringen:* Die Frau ... nicht ..., wer ihr die Blumen ... . 4. sich *wenden:* ... Sie sich in Ihrer Angelegenheit an die Personalabteilung ...? 5. *rennen:* Wir ... zum Zug ..., haben ihn aber nicht mehr erreichen können. 6. **ab***brennen:* Das alte Haus ... vollständig ... .

T96 *Setzen Sie die Konjunktiv I-Formen ein! (Ersatzweise den Konjunktiv II)*

1. *wissen:* Der alte Mann sagte mir, er ... nicht mehr genau, wer ihn heute angerufen hat. 2. *kennen:* Fred versicherte mir, er ... dieses Land sehr gut. 3. **zurück***denken:* Die alte Frau sprach davon, daß sie noch oft an ihre Jugend ... . 4. *verbringen:* Sie erzählte auch, ihre Enkelkinder ... immer die Ferien bei ihr. 5. **an***erkennen:* Die Sekretärin versicherte mir, daß dein Chef deine Leistungen für die Firma ... . 6. *verbringen:* Unsere Nachbarn prahlen damit, daß sie oft ihren Urlaub in Italien ... .

T97 *Setzen Sie die Konjunktiv II-Formen ein!*

1. *kennen:* Der Junge behauptet, er ... mich nicht. 2. *wissen:* Er behauptet, er ... nicht, wer ich sei. 3. *denken:* Mein Kollege sagte, er ... nicht

daran, auch nur eine Stunde länger zu arbeiten. **4.** **mit***bringen:* Ich an deiner Stelle ... meiner Frau ab und zu einmal ein paar Blumen ... . **5.** *wissen:* Wenn ich nur ..., was ich jetzt machen soll. **6.** sich *wenden:* Wenn wir uns an unseren alten Freund Max ..., könnte er uns sicher einen guten Rat geben.

Zur Kontrolle

T 93: 1. Weißt, nennt, bringt 2. weiß, nennt 3. kennt, rennt 4. denkt 5. wenden, kennt 6. verbrenne

T 94: 1. brannte, rannten 2. kannte 3. wandte 4. nannten 5. dachte, brachte 6. sandte 7. Wußten

T 95: 1. habe ... gekannt 2. hat ... genannt 3. hat ... gewußt, gebracht hat 4. Haben ... gewandt 5. sind ... gerannt 6. ist ... abgebrannt

T 96: 1. wisse 2. kenne 3. zurückdenke 4. verbrächten (würden ... verbringen) 5. anerkenne 6. verbrächten (verbringen würden)

T 97: 1. kennte (würde ... kennen) 2. wüßte 3. dächte 4. brächte ... mit (würde ... mitbringen) 5. wüßte 6. wendeten (wenden würden)
→ R 5, R 6

Bilden Sie Sätze im Präsens, Präteritum und Perfekt!

T98 **1.** *kennen* / ich / den Mann / nicht **2.** **ab***brennen* / das Haus / trotz des Einsatzes der Feuerwehr / vollständig **3.** *erkennen* / Sie / mich / nicht? **4.** **an***erkennen* / wir / die neue Regierung **5.** *ernennen* / der Präsident / einen neuen Minister **6.** *sich verrennen* / du / immer mehr / in eine fixe Idee **7.** *entsenden* / die Regierung / einen neuen Botschafter / nach Lima **8.** *senden* / am Montag / ich / Ihnen / die Bücher **9.** **ab***wenden* / ihr / das drohende Unheil / wie? **10.** sich *wenden* / ich / an den Geschäftsführer persönlich

T99 **1.** *bringen* / Sie / morgens / die Zeitung / wann? **2.** *verbringen* / ihr / eure Ferien / wo? **3.** **nach***denken* / ich / noch / über das Problem **4.** *wissen* / Sie / nicht / daß meine Kollegen verreist sind? **5.** *wissen* / du / hier / einen guten Arzt?

Zur Kontrolle

T 98: 1. kenne / kannte / habe ... gekannt 2. brennt ... ab / brannte ... ab / ist ... abgebrannt 3. erkennen / erkannten / haben ... erkannt 4. erkennen ... an / erkannten ... an / haben ... anerkannt 5. ernennt / ernannte / hat ... ernannt 6. verrennst dich / verranntest dich / hast dich ... verrannt 7. entsendet / entsandte / hat ... entsandt 8. sende / sandte / habe ... gesandt 9. wendet ... ab / wendetet ... ab / habt ... abgewendet 10. wende mich / wandte mich / habe mich ... gewandt

T 99: 1. bringen / brachten / haben ... gebracht 2. verbringt / verbrachtet / habt ... verbracht 3. denke ... nach / dachte ... nach / habe ... nachgedacht 4. wissen / wußten / haben ... gewußt 5. weißt / wußtest / hast ... gewußt
→ R 5

Präsensstamm	Präteritumstamm	Partizip II-Stamm
kennen	er kannte	gekannt
senden	er sandte	gesandt
bringen	er brachte	gebracht
wissen / ich / er **weiß**	er wußte	gewußt

wie *kennen*: brennen, nennen, rennen
wie *senden*: wenden
wie *bringen*: denken

Verben mit unfesten und mit festen Verbzusätzen

Bilden Sie Sätze im Präsens, Präteritum und Perfekt!

T 100 1. *wider***spre***chen* / Sie / mir / immer / warum? 2. *unter***bre***chen* / die Zuhörer / den Redner / immer wieder / durch Zwischenrufe 3. *über***tref***fen* / diese Waren / in ihrer Qualität / alles, was es bisher gab 4. *über***neh***men* / der Sohn des Firmenchefs / die Leitung der Firma 5. *hinter***ge***hen* / der Mann / seine Frau / schon seit Jahren 6. *über***win***den* / der Patient / sicher / die Krise 7. *unter***lie***gen* / unsere Fußballmannschaft / bei diesem Spiel / der gegnerischen Mannschaft 8. *unter***hal***ten* / die Kabarettisten / ihr Publikum / ausgezeichnet 9. *über***schla***fen* / wir / unseren Plan / noch einmal 10. *über***fal***len* / die Unbekannten / einen alten Mann

T 101 1. *um***fah***ren* / die Radfahrer / die Verkehrsinsel 2. **um***fahren* / du / doch tatsächlich / mit deinem Wagen / den Gartenzaun 3. **um***schreiben* / der Romanschriftsteller / seinen neuen Roman / vollständig 4. *um***schrei***ben* / ich / den Satz / weil man ihn nicht wortwörtlich übersetzen kann 5. sich **über***werfen* / ich / einen Bademantel / weil der Wind kalt ist 6. sich *über***wer***fen* / mein Mann / dauernd / mit meiner Mutter 7. **durch***brechen* / plötzlich / die Sonne / durch die Wolkendecke 8. *durch***bre***chen* / die Wassermassen / den Damm 9. **um***gehen* / in der Nacht / im Schloß / ein Gespenst 10. *um***ge***hen* / Peter / immer / alle Schwierigkeiten

Zur Kontrolle

T 100: 1. ... widersprechen / widersprachen / haben ... widersprochen 2. unterbrechen / unterbrachen / haben ... unterbrochen 3. übertreffen / übertrafen / haben ... übertroffen 4. übernimmt / übernahm / hat ... übernommen 5. hintergeht / hinterging / hat ... hintergangen 6. überwindet / überwand / hat ... überwunden 7. unterliegt / unterlag / ist ... unterlegen 8. unterhalten / unterhielten / haben ... unterhalten 9. überschlafen / überschliefen / haben ... überschlafen 10. überfallen / überfielen / haben ... überfallen

T 101: 1. umfahren / umfuhren / haben ... umfahren 2. fährst ... um / fuhrst ... um / hast ... umgefahren 3. schreibt ... um / schrieb ... um / hat ... umgeschrieben 4. umschreibe / umschrieb / habe ... umschrieben 5. werfe mir ... über / warf mir ... über / habe mir ... übergeworfen 6. überwirft sich / überwarf sich / hat sich ... überworfen 7. bricht ... durch / brach ... durch / ist ... durchgebrochen 8. durchbrechen / durchbrachen / haben ... durchbrochen 9. geht ... um / ging ... um / ist ... umgegangen 10. umgeht / umging / hat ... umgangen

Die Verben „haben", „sein" und „werden"

T 102 *Ergänzen Sie die Präsensformen von „haben"!*

1. ... Sie Ihren Paß dabei? **2.** Ich ... ihn immer dabei. **3.** Wann ... du Urlaub? **4.** Das Kind ... Durst. **5.** ... wir etwas zu trinken? **6.** ... du Geld bei dir? **7.** ... Sie etwas Zeit für mich?

T 103 *Ergänzen Sie die Präsensformen von „sein"!*

1. Wer ... das? **2.** Das ... Herr und Frau Petersen. **3.** ... Sie aus Hamburg? **4.** Nein, ich ... aus Köln. **5.** ... du krank? **6.** Nein, ich ... nur müde. **7.** ... ihr heute abend zu Hause? **8.** Ja, wir ... den ganzen Abend zu Hause. **9.** Das ... gut. **10.** Ich ... dann um 6 (Uhr) bei euch. **11.** Wer ... die Leute da? **12.** Das ... Familie Schäfer.

T 104 *Ergänzen Sie die Präsensformen von „werden"!*

1. Vom vielen Arbeiten ... man müde. **2.** Du ... bald wieder gesund. **3.** Zieht eure Mäntel an, sonst ... ihr krank. **4.** Wie wohl das Wetter morgen ...? **5.** Es ... sicher schön. **6.** Aber die Nächte ... allmählich kühler. **7.** Ja, nachts ... es schon ziemlich kalt. **8.** Mein Sohn ... Kaufmann wie ich. **9.** Wir ... niemals reich. **10.** Die Lebensmittel ... immer teurer.

T 105 *Ergänzen Sie die Präteritumformen von „haben"!*

1. Im Urlaub ... wir immer sehr schönes Wetter. **2.** Mein Bruder hat jetzt einen Wagen, vorher ... er ein Motorrad. **3.** Die Menschen haben jetzt keine Zeit mehr füreinander, früher ... sie mehr Zeit. **4.** Ich ... gestern nach der langen Wanderung ziemlichen Hunger. **5.** ... ihr denn keinen Hunger? **6.** Du ... Durst, aber leider ... wir nichts mehr zu trinken im Hause.

T 106 *Ergänzen Sie die Präteritumformen von „sein"!*

1. Wo ... du gestern abend? **2.** Gestern ... ich im Theater. **3.** ... viele Leute da? **4.** Ja, es ... viele Leute im Theater. **5.** Wie ... das Theaterstück? **6.** Es ... sehr gut. **7.** ... ihr schon einmal in Hamburg? **8.** Ja, letztes Jahr ... wir dort.

T 107 *Ergänzen Sie die Präteritumformen von „werden"!*

1. Gegen Abend ... der Himmel immer klarer. **2.** Es dauerte lange, bis ich meine Erkältung wieder los ... . **3.** Im Laufe der Nacht ... das Wetter besser. **4.** Erst gegen Ende ... die Diskussion interessant. **5.** Als der Mann anfing, mich zu beschimpfen, ... ich zornig. **6.** In der letzten Zeit ... die Leistungen Ihres Sohnes in der Schule immer schlechter.

Zur Kontrolle

T 102: 1. Haben 2. habe 3. hast 4. hat 5. Haben 6. Hast 7. Haben

T 103: 1. ist 2. sind 3. Sind 4. bin 5. Bist 6. bin 7. Seid 8. sind 9. ist 10. bin 11. sind 12. ist

T 104: 1. wird 2. wirst 3. werdet 4. wird 5. wird 6. werden 7. wird 8. wird 9. werden 10. werden

T 105: 1. hatten 2. hatte 3. hatten 4. hatte 5. Hattet 6. hattest, hatten

T 106: 1. warst 2. war 3. Waren 4. waren 5. war 6. war 7. Wart 8. waren

T 107: 1. wurde 2. wurde 3. wurde 4. wurde 5. wurde 6. wurden
→ R 17, R 18

T 108 *Ergänzen Sie die Perfektformen von „haben"!*

1. Ich ... gestern keine Zeit ..., zum Frisör zu gehen. **2.** Frau Möller war letzte Woche nicht im Büro, weil sie Grippe ... . **3.** Ich habe mir den Taschenrechner neulich nicht gekauft, weil ich nicht genug Geld bei mir ... . **4.** Ich habe von dem Braten nichts gegessen. Ich ... einfach keinen Hunger ... . **5.** Peter hat das Puzzle nicht fertig gemacht. Er ... keine Geduld dazu ... .

T 109 *Ergänzen Sie die Perfektformen von „sein"!*

1. Wart ihr nicht in Paris? – Doch, wir ... über eine Woche dort ... . **2.** War Hans nicht bei euch? – Doch, er ... eine ganze Stunde bei uns ... . **3.** Waren Sie nicht in Amerika? – Doch, ich ... einen ganzen Monat dort ... . **4.** War Petra nicht in Berlin? – Doch, sie ... aber nur einen

Tag dort … . **5.** Deine Kollegen waren doch hier, oder nicht? – Nein, sie … nicht hier … . **6.** … ihr noch nie in Italien …? **7.** … du gestern bei uns …, als wir weg waren?

T 110 *Ergänzen Sie die Perfektformen von „werden"!*

1. Das Wetter … zum Glück inzwischen besser … . **2.** Die Nächte … aber kühler … . **3.** Du … in der letzten Zeit fleißiger … . **4.** Ihr … von der Wanderung sicher müde … . **5.** Ich … von dem Pilzessen krank … . **6.** Wir … in der Fremde nicht glücklich … . **7.** Dein Junge … im letzten Jahr aber groß … . **8.** Bis jetzt … ich meine Erkältung noch nicht los … . **9.** Jetzt … mir das Grammatikproblem endlich klar … .

T 111 *Ergänzen Sie die Plusquamperfektformen von „haben"!*

1. Was … Elli an …, als ihr sie gestern getroffen habt? **2.** Als ich neulich über die Grenze wollte, … ich dummerweise meinen Paß nicht bei mir … . **3.** Wir haben alles aufgegessen, weil wir großen Hunger … … . **4.** In unserer Kindheit … wir es wirklich gut … . **5.** Meine Schwester … als Kind ihre Puppen immer sehr lieb … . **6.** Was … ihr vor …, als wir euch neulich getroffen haben?

T 112 *Ergänzen Sie die Plusquamperfektformen von „sein"!*

1. Vor unserer Abreise in den Urlaub … ich eine Woche krank … . **2.** Bevor Peter zu uns kam, … er bei seinen Eltern … . **3.** Bevor wir nach Spanien kamen, … wir eine Woche in Frankreich … . **4.** Bevor meine Kinder in die Schule kamen, … sie ein Jahr im Kindergarten … .

T 113 *Ergänzen Sie die Plusquamperfektformen von „werden"!*

1. Ich konnte die Reise nach Prag leider nicht mitmachen, weil ich plötzlich krank … … . **2.** Wir mußten vom Urlaub früher zurückkommen, weil unser Geld zu knapp … … . **3.** Die alte Frau mußte schnell ins Krankenhaus. Sie … plötzlich ohnmächtig … . **4.** Mozart … schon als 6jähriger Knabe durch seine Konzerte bekannt … .

Zur Kontrolle

T 108: 1. habe … gehabt 2. gehabt hat 3. gehabt habe 4. habe … gehabt 5. hat … gehabt

T 109: 1. sind … gewesen 2. ist … gewesen 3. bin … gewesen 4. ist … gewesen 5. sind … gewesen 6. Seid … gewesen 7. Bist … gewesen

T110: 1. ist ... geworden 2. sind ... geworden 3. bist ... geworden 4. seid ... geworden 5. bin ... geworden 6. sind ... geworden 7. ist ... geworden 8. bin ... geworden 9. ist ... geworden

T111: 1. hatte ... gehabt 2. hatte ... gehabt 3. gehabt hatten 4. hatten ... gehabt 5. hatte ... gehabt 6. hattet ... gehabt

T112: 1. war ... gewesen 2. war ... gewesen 3. waren ... gewesen 4. waren ... gewesen

T113: 1. geworden war 2. geworden war 3. war ... geworden 4. war ... geworden
→ R 20

T114 *Ergänzen Sie die Futurformen von „haben"!*

1. Wenn die Kinder jetzt aus der Schule kommen, ... sie Hunger ... . 2. Peter kommt bestimmt nicht mehr. Er ... keine Zeit ... . 3. Herr und Frau Schröder sind schon einige Tage nicht zu Hause. Sie ... Urlaub ... . 4. Frau Möller war schon drei Tage nicht mehr im Büro. Sie ... die Grippe ... . 5. Fritz zieht sich jetzt immer so schick an. Er ... eine Freundin ... .
6. Ob die Kinder in der Nacht Angst gehabt haben? – Sie ... sicher Angst ... . 7. Ob Karl mit seiner Frau Streit gehabt hat? – Er ... sicher wieder Streit mit ihr ... . 8. Ob der Patient nach der Operation Schmerzen gehabt hat? – Sicher ... er Schmerzen ... .

T115 *Bilden Sie die Futurformen von „sein"!*

1. Wo ist Herr Braun? – Er ... in seinem Büro ... . 2. Wo sind die Kinder? – Sie ... in der Schule ... . 3. Was macht Frau Möller? – Sie ... im Garten ... . 4. Wo ist deine Mutter? – Sie ... beim Frisör ... . 5. Wo war denn Hans heute früh? – Na, wo ... er schon ... ...? In der Schule natürlich. 6. Warum ist Frau Schulz letzte Woche nicht zur Arbeit gekommen? – Sie ... krank ... . 7. Ratet mal, wo wir waren! – Ihr ... sicher in der Stadt ... .

T116 *Ergänzen Sie die Futurformen von „werden"!*

1. Was meinst du? Ob das Wetter besser ... ...? 2. Der Arzt meint, daß dein Junge bald wieder gesund ... . 3. Das Benzin ... wieder billiger ... . 4. Was glauben Sie? ... die Mieten noch höher ...?
5. Als ich Frau Schmidt das letzte Mal traf, war sie schwanger. Inzwischen ... sie wohl Mutter ... . 6. Mein Schulfreund hatte damals Medizin studiert. Inzwischen ... er wohl Arzt ... . 7. Letztes Jahr hatte man noch an dem neuen Hotel gebaut. Inzwischen ... es wohl fertig ... .

Zur Kontrolle

T 114: 1. werden ... haben 2. wird ... haben 3. werden ... haben 4. wird ... haben 5. wird ... haben
6. werden ... gehabt haben 7. wird ... gehabt haben 8. wird ... gehabt haben

T 115: 1. wird ... sein 2. werden ... sein 3. wird ... sein 4. wird ... sein
5. wird ... gewesen sein 6. wird ... gewesen sein 7. werdet ... gewesen sein

T 116: 1. werden wird 2. werden wird 3. wird ... werden 4. Werden ... werden
5. wird ... geworden sein 6. wird ... geworden sein 7. wird ... geworden sein
→ R 20

T 117 *Ergänzen Sie die Imperativformen von „haben"!*

1. *du:* ... bitte etwas Geduld! Ich mache das schon. **2.** *ihr:* ... keine Angst! Ich bin gleich wieder zurück. **3.** *Sie:* ... Sie keine Sorge! Es wird alles gutgehen.

T 118 *Ergänzen Sie die Imperativformen von „sein"!*

1. *ihr:* ... bitte etwas leiser! Die Kinder schlafen schon. **2.** *du:* ... nicht so nervös, wenn du zur Prüfung gehst! **3.** *ihr:* ... bitte pünktlich zum Essen da! **4.** *Sie:* ... Sie bitte so freundlich, und helfen Sie mir!

T 119 *Ergänzen Sie die Imperativformen von „werden"!*

1. *Sie:* ... Sie nicht ungeduldig! Der Arzt kommt gleich. **2.** *du:* ... bald wieder gesund! Und gute Besserung! **3.** *ihr:* ... nicht frech! Sonst werdet ihr mich kennenlernen! **4.** *ihr:* ... glücklich, ihr beiden!

Zur Kontrolle

T 117: 1. Hab(e) 2. Habt 3. Haben

T 118: 1. Seid 2. Sei 3. Seid 4. Seien

T 119: 1. Werden 2. Werde 3. Werdet 4. Werdet
→ R 16

Imperativ	für die Anrede *du*	für die Anrede *ihr*	für die Anrede *Sie*
	hab(e) ...! **sei** ...! werde ...!	habt ...! **seid** ...! werd**et** ...!	hab**en Sie** ...! **seien Sie** ...! werd**en Sie** ...!

T 120 *Ergänzen Sie die Konjunktiv I-Formen von „haben“!*

1. Paul sagte, er ... morgen keine Zeit, zu uns zu kommen. 2. Er sagte, ihr ... heute keine Schule. Stimmt das? 3. Er sagte auch, du ... einen neuen Fotoapparat. 4. Herr Horn erzählte mir, daß deine Tochter eine Stelle bei der Firma Halter ... . 5. Deine Frau sagte mir, du ... keine Arbeit mehr. 6. Sagten Sie nicht, daß Sie hier in München ein Haus ...? 7. Wer hat gesagt, daß wir heute keinen Unterricht ...? 8. Ihr Kollege sagte mir, daß Sie bis jetzt noch keinen Urlaub ... . 9. Meine Freunde meinten, ich ... gestern bei dem Unfall viel Glück ... . 10. Der Arzt sagte, die Patientin ... in der letzten Nacht Schmerzen ... . 11. Deine Schwester sagte mir, daß du gestern keine Zeit ... ..., zu uns zu kommen.

T 121 *Ergänzen Sie die Konjunktiv I-Formen von „sein“!*

1. Hans sagte, du ... sein bester Freund. 2. Ihre Frau sagte mir, Sie ... nächste Woche in Berlin. 3. Karl sagt, ihr ... morgen nicht zu Hause. 4. Meine Frau sagte, die Kinder ... heute sehr müde. 5. Sagten Sie nicht, daß heute die Banken geschlossen ...? 6. Peter sagte mir, du ... immer noch böse auf mich. 7. Ihre Frau erzählte mir, daß Sie im letzten Jahr in Amerika ... . 8. Petra sagte, du ... gestern beim Zahnarzt ... . 9. In der Zeitung stand, daß das gestrige Fußballspiel eures Vereins sehr interessant ... . 10. Die Touristen erzählten, daß während ihrer ganzen Reise das Wetter sehr schlecht ... .

T 122 *Ergänzen Sie die Konjunktiv I-Formen von „werden“!*

1. Paul sagte, ihr ... leicht seekrank. 2. Der Arzt sagte mir, daß unser Kind sehr schnell wieder gesund ... . 3. Im Wetterbericht hieß es, daß das Wetter morgen besser ... . 4. Der Verkäufer sagte, die Farben der Vorhänge ... mit der Zeit immer heller. 5. Hans sagte, draußen ... es inzwischen kälter ... . 6. Wir haben gehört, daß dein Sohn inzwischen Studienrat ... . 7. Ich habe gehört, daß unser Nachbar durch Börsenspekulationen sein ganzes Geld los... ... .

T 123 *Ergänzen Sie die Konjunktiv II-Formen von „haben“!*

1. Was möchten Sie? – Ich ... gern ein Bier. 2. Was möchte der Junge? – Er ... gern eine Cola. 3. Was möchten die Kinder? – Sie ... gern ein Glas Milch. 4. Was möchte Ihr Freund? – Er ... gern ein Glas Rotwein.

5. Was möchte das Mädchen? – Es ... gern eine Limo. 6. Was möchten Sie? – Wir ... gern zwei Omelette mit Pilzen.
7. ... Sie Lust, mit mir in die Stadt zu fahren? 8. ... dein Mann nachher Zeit, uns im Garten zu helfen? 9. Ich ... nicht die Geduld, so lange mit den Kindern zu spielen. 10. Wir ... nicht so viel Hunger, wenn wir nicht so schwer gearbeitet hätten. 11. Wer ... Lust, mit mir ins Kino zu gehen?
12. Wenn dein Vater damals nicht so viel Geld ... ..., hätte er das Haus nicht kaufen können. 13. Wenn ich keinen Wagen ... ..., wäre ich nicht so schnell hier gewesen.

T 124 *Ergänzen Sie die Konjunktiv II-Formen von „sein“!*

1. Dein Bruder behauptet immer, du ... ein fauler Schüler. 2. Die Nachbarn meinen, wir ... reich. 3. Die Leute glauben, ihr ... verheiratet.
4. ... Sie bereit, uns zu helfen? 5. Wie ... es, wenn wir noch einen Tag hier blieben? 6. Wenn wir jetzt nicht hier ..., hätten die Kinder bei diesem Gewitter Angst. 7. Was ..., wenn es jetzt plötzlich kein Erdöl mehr gäbe?
8. Meine Frau meint, ich ... gestern bei dir ... . 9. Wir wären nicht hiergeblieben, wenn das Wetter nicht so schön ... . 10. Was ... ..., wenn uns die Leute nicht so schnell gerettet hätten? 11. Es ... sehr nett von dir ..., wenn du mich gestern vom Büro abgeholt hättest.

T 125 *Ergänzen Sie die Konjunktiv II-Formen von „werden“!*

1. Klaus behauptet, er ... immer sehr schnell seekrank. 2. Wie wäre es, wenn du ein bißchen pünktlicher ...? 3. Was wäre, wenn unsere Mutter plötzlich krank ...?
4. Was wäre, wenn das Essen nicht rechtzeitig fertig ... ...? 5. Mein Vater meint, daß wir zusammen glücklich ... ..., wenn wir nicht mit deinen Eltern zusammengelebt hätten.

Zur Kontrolle

T 120: 1. habe 2. habet / hättet 3. habest / hättest 4. habe 5. habest / hättest 6. hätten 7. hätten 8. gehabt hätten 9. hätte ... gehabt 10. habe ... gehabt 11. gehabt habest / gehabt hättest

T 121: 1. seiest / wär(e)st 2. seien / wären 3. seiet / wär(e)t 4. seien / wären 5. seien / wären 6. seiest / wär(e)st 7. gewesen seien / wären 8. seiest / wär(e)st ... gewesen 9. gewesen sei 10. gewesen sei

T 122: 1. würdet 2. werde / würde 3. werde / würde 4. würden 5. sei ... geworden 6. geworden sei 7. geworden sei

T 123: 1. hätte 2. hätte 3. hätten 4. hätte 5. hätte 6. hätten 7. Hätten 8. Hätte 9. hätte 10. hätten 11. hätte 12. gehabt hätte 13. gehabt hätte

T 124: 1. wär(e)st 2. wären 3. wär(e)t 4. Wären 5. wäre 6. wären 7. wäre 8. wäre ... gewesen 9. gewesen wäre 10. wäre gewesen 11. wäre ... gewesen

T 125: 1. würde 2. würdest 3. würde 4. geworden wäre 5. geworden wären
→ R 19, R 20

Die Modalverben

T 126 *Ergänzen Sie die Präsensformen!*

1. *können:* ... du Deutsch? 2. *können:* Ich ... etwas Deutsch. 3. *dürfen:* ... Inge mit uns ins Kino? 4. *wollen:* ... ihr denn jetzt ins Kino? 5. *müssen:* Ich ... jetzt leider ins Büro. 6. *mögen:* ... Peter Fisch? 7. *mögen:* Nein, Fisch ... er nicht. 8. *möcht-:* Wir ... lieber ein Schnitzel. 9. *sollen:* ... die Kinder jetzt schon ins Bett?
10. *müssen:* Wir ... um 10 Uhr abends zu Hause sein. 11. *sollen:* Herr Braun ... um 9 Uhr zum Chef kommen. 12. *dürfen:* ... ich jetzt Fußball spielen? 13. *wollen:* Rolf ... jetzt auf den Sportplatz gehen. 14. *dürfen:* ... du mit uns kommen? 15. *möcht-:* Ich ... gern mit euch kommen.
16. *können:* ... Sie Auto fahren? 17. *wollen:* Nein, aber ich ... es bald lernen. 18. *dürfen:* ... wir dir helfen? 19. *wollen, können:* Wenn ihr ..., ... ihr mir ein wenig helfen.

T 127 *Ergänzen Sie die Präteritumformen!*

1. *sollen, wollen:* Die Kinder ... ins Internat, aber sie ... nicht. 2. *dürfen:* ... ihr ohne Paß über die Grenze? 3. *müssen:* Ich ... dringend nach Hause zurück. 4. *wollen:* Was ... der Mann von dir? 5. *können:* ... du damals schon genug Deutsch? 6. *mögen:* Früher ... ich keine Lyrik, aber jetzt finde ich sie gut.
7. *können:* Gestern ... ich erst um 7 Uhr nach Hause gehen. 8. *müssen:* Wir ... im Betrieb Überstunden machen. 9. *wollen:* ... ihr gestern nicht ins Theater gehen? 10. *mögen:* Ja, aber wir ... dann nicht mehr gehen, weil es schon zu spät war. 11. *sollen:* ... Sie nicht zu Hause anrufen?
12. *dürfen:* Ohne Paß ... wir die Grenze nicht passieren.

Zur Kontrolle

T 126: 1. Kannst 2. kann 3. Darf 4. Wollt 5. muß 6. Mag 7. mag 8. möchten 9. Sollen 10. müssen 11. soll 12. Darf 13. will 14. Darfst 15. möchte 16. Können 17. will 18. Dürfen 19. wollt, könnt

T 127: 1. sollten, wollten 2. Durftet 3. mußte 4. wollte 5. Konntest 6. mochte 7. konnte 8. mußten 9. Wolltet 10. mochten 11. Sollten 12. durften
→ R 21, R 22, R 23

T 128 *Ergänzen Sie die Perfektformen!*

1. *wollen:* Hugo ... das Unglück nicht ... . 2. *können:* ... ihr in der Schule das Gedicht ..., das ihr gelernt hattet? 3. *mögen:* Wir ... das Essen in der Kantine nicht ... . 4. *mögen:* Früher ... du Sauerkraut nicht ... . Jetzt magst du es auf einmal. 5. *wollen:* Ich ... gestern früher nach Hause ..., weil ich mich krank gefühlt habe. 6. *dürfen:* Heutzutage kommen die Kinder oft spät nach Hause. Wir ... das früher nicht ... .
7. *können:* Ich ... gestern nicht zu eurer Party kommen ..., weil ich noch viel zu tun hatte. 8. *müssen:* An der Grenze ... wir über eine Stunde warten ... . 9. *dürfen:* Unsere Maschine ... in Nürnberg wegen Nebel nicht starten ... . 10. *müssen:* Gestern ... ich im Bett bleiben ..., weil ich Fieber hatte. 11. *wollen:* Hubert ... mit dem Taxi zum Bahnhof fahren ..., aber ich nehme ihn in meinem Wagen mit.
12. *wollen:* Stimmt es, daß du mich gestern ... anrufen ...? 13. *müssen:* Stimmt es, daß dein Bruder sein Motorrad ... verkaufen ...? 14. *müssen:* Stimmt es, daß ihr heute nacht eure Mutter ... ins Krankenhaus bringen ...? 15. *wollen:* Stimmt es, daß Petra gestern mit uns ... ins Theater gehen ...?

T 129 *Ergänzen Sie die Futurformen!*

1. *wollen:* Hans ... nicht länger in München bleiben ... . 2. *können:* Hier ... ich keine Arbeit finden ... . 3. *müssen:* Unsere Gäste ... morgen nach Hause fahren ... . 4. *mögen:* Paul ... dieses fette Fleisch nicht essen ... .
5. *wollen:* Bei diesem schönen Wetter ... ihr sicherlich zum Baden fahren ... . 6. *können:* Weißt du, ob Helga noch heute ... zurückkommen ...?
7. *müssen:* Es ist durchaus möglich, daß sie noch einen Tag ... in Berlin bleiben ... . 8. *dürfen:* Ich glaube nicht, daß ihr ohne Visum ... nach Polen reisen ... . 9. *müssen:* Wer weiß, welche Probleme wir noch ... lösen ...?

T 130 *Ergänzen Sie die Präsensformen! (subjektiver Gebrauch der Modalverben)*

1. *mögen:* Wie alt war Hilde damals? – Sie ... etwa 10 Jahre alt gewesen sein. 2. *wollen:* Woher hat Fritz das Geld eigentlich? – Er ... es auf der Straße gefunden haben. 3. *können:* Wer hat wohl die Postkarte geschrieben? – Nach der Handschrift zu urteilen, ... sie Max geschrieben haben.
4. *wollen:* Du kannst so schlecht Englisch und ... zwei Jahre in Amerika gelebt haben. 5. *müssen:* Der Unfall ... sehr schwer gewesen sein. Es hat viele Verletzte gegeben.

Zur Kontrolle

T 128: 1. hat ... gewollt 2. Habt ... gekonnt 3. haben ... gemocht 4. hast ... gemocht 5. habe ... gewollt 6. haben ... gedurft 7. habe ... können 8. haben ... müssen 9. hat ... dürfen 10. habe ... müssen 11. hat ... wollen 12. hast ... wollen 13. hat ... müssen 14. habt ... müssen 15. hat ... wollen

T 129: 1. wird ... wollen 2. werde ... können 3. werden ... müssen 4. wird ... mögen 5. werdet ... wollen 6. wird ... können 7. wird ... müssen 8. werdet ... dürfen 9. werden ... müssen

T 130: 1. mag 2. will 3. kann 4. willst 5. muß
→ R 24

In Nebensätzen stehen die Personalformen beim Perfekt, Plusquamperfekt und Futur nicht am Ende des Prädikats, sondern vor den Infinitiven bzw. vor den Prädikatsergänzungen:

..., daß er den ganzen Tag **hat/hatte/wird** arbeiten müssen.
..., daß er heute **hat/hatte/wird** ins Theater gehen wollen.

Beim subjektiven Gebrauch der Modalverben wird die Vergangenheit mit dem Infinitiv II des abhängigen Verbs ausgedrückt. Das Modalverb selbst bildet die Präsens- oder die Präteritumform.

Du **mußt/mußtest** damals noch sehr jung **gewesen sein.**

Unterscheiden Sie die beiden Ausdrücke für die Vergangenheit:

Er **hat** das **tun müssen.** (Er hatte keine andere Wahl.)
Er **muß** das **getan haben.** (Alle Indizien sprechen dafür.)

T 131 *Ergänzen Sie die Konjunktiv I-Formen!*

1. *können:* Erich sagte mir, daß er morgen nicht zu uns kommen ... .
2. *müssen:* Er sagte, er ... noch etwas für seine Diplomarbeit tun. 3. *dürfen:* Der Bauer sagt, wir ... auf seiner Wiese nicht Fußball spielen. 4. *wollen:* In der Zeitung stand, daß sich die Außenminister in einem Monat wieder in Genf treffen ... . 5. *sollen:* Vater sagt, daß wir ihm bei der Gartenarbeit helfen ... . 6. *wollen:* Peter schrieb, daß er und Inge nächstes Jahr heiraten ... . 7. *müssen:* Mir wurde gesagt, daß ich nach Salzburg über Reichenhall fahren ... .
8. *wollen:* Karl sagte, daß er letzten Monat in München ... Arbeit suchen ... . 9. *können:* Er ... aber dort nichts finden ... . 10. *müssen:* Fritz sagt, seine ganze Klasse ... eine Stunde nachsitzen ... . 11. *können:* In der Zeitung stand, daß der Autofahrer nicht ... beweisen ..., daß er an dem Unfall keine Schuld hatte. 12. *können:* Mein Mann sagte, er ... in der letzten Nacht wegen des Straßenlärms nur sehr schlecht schlafen ... .

T 132 *Ergänzen Sie die Konjunktiv II-Formen!*

1. *können:* Günter redet immer so, als ... er alles besser als andere. 2. *wollen:* Es sieht tatsächlich so aus, als ... es aufhören zu regnen. 3. *können:* Der Mann schaut mich an, als ... er nicht verstehen, was ich sage. 4. *dürfen:* Wenn ihr meinen Eltern nicht alles erzählt hättet, was ihr vorhabt, ... ich sicher mitkommen. 5. *können:* Wenn wir mehr Geld hätten, ... wir uns eine größere Wohnung nehmen. 6. *können:* Hättest du besser gelernt und mehr geübt, dann ... du mehr Deutsch verstehen.
7. *sollen:* Wir ... früher nach Hause gehen ... und nicht erst jetzt. 8. *dürfen, können:* Du ... deine Kamera nicht im Hotel vergessen ..., dann ... du hier schöne Fotos machen ... . 9. *können, wollen:* Fritz ... mir neulich sicher helfen ..., wenn er nur ... . 10. *können:* Ich träumte, ich ... fliegen ... .

Zur Kontrolle

T 131: 1. könne 2. müsse 3. dürften 4. wollten 5. sollten 6. wollten 7. müsse 8. habe ... wollen 9. habe ... können 10. habe ... müssen 11. habe ... können 12. habe ... können

T 132: 1. könnte 2. wollte 3. könnte 4. dürfte 5. könnten 6. könntest 7. hätten ... sollen 8. hättest ... dürfen, hättest ... können 9. hätte ... können, gewollt hätte 10. hätte ... können
→ R 25, R 26, R 27

T 133 *Ergänzen Sie die fehlenden Verbformen (Passiv mit Modalverben)!*

Präsens 1. *dürfen:* Während des Unterrichts ... nicht geraucht werden. 2. *sollen:* An heißen Tagen ... die Blumen täglich zweimal gegossen werden.

Perfekt 3. *wollen:* Unser Chef ... immer über alles sofort informiert werden ... . 4. *müssen:* Der Unfallwagen ... abgeschleppt werden ... .

Plusquamperfekt 5. *können:* Unser Haus ... damals nicht sofort verkauft werden ... . 6. *müssen:* Nach dem Tankerunglück ... der Strand gereinigt werden ... .

T 134 *Ergänzen Sie die Konjunktiv II-Formen!*

1. *sollen:* Das Türschloß ... eigentlich repariert werden. 2. *können:* Das Essen ... jetzt schon vorbereitet werden. 3. *sollen:* ... die Fenster heute nicht geputzt werden? 4. *sollen:* Die Gäste ... eigentlich etwas freundlicher bedient werden. 5. *müssen:* Der Zahn unten rechts ... bald gezogen werden.
6. *dürfen:* Du ... eigentlich nicht entlassen werden ... . 7. *müssen:* Der Dieb ... früher gefaßt werden ... . 8. *dürfen:* Ihr ... nicht kontrolliert

werden … . **9.** *müssen:* Mit dem Bau des neuen Hotels … früher begonnen werden … . **10.** *dürfen:* Der Motor … nicht so früh abgestellt werden … . **11.** *müssen:* Ich … früher von dem Vorfall unterrichtet werden … . **12.** *sollen:* Die Briefe … rechtzeitig zur Post gebracht werden … .

Zur Kontrolle

T 133: 1. darf 2. sollen 3. hat … wollen 4. hat … müssen 5. hatte … können 6. hatte … müssen

T 134: 1. sollte 2. könnte 3. Sollten 4. sollten 5. müßte 6. hättest … dürfen 7. hätte … müssen 8. hättet … dürfen 9. hätte … müssen 10. hätte … dürfen 11. hätte … müssen 12. hätten … sollen

Präsens	er/es/sie **will/muß/kann** … (informiert werden)
Präteritum	er/es/sie **wollte/mußte/konnte** … (informiert werden)
Perfekt	er/es/sie **hat** … (informiert werden) **wollen/müssen/können**
Plusquamperfekt	er/es/sie **hatte** … (informiert werden) **wollen/müssen/können**
Futur	er/es/sie **wird** … (informiert werden) **wollen/müssen/können**
Konjunktiv I	er/es/sie **wolle/müsse/könne** … (informiert werden)
Konjunktiv II	er/es/sie **wollte/müßte/könnte** … (informiert werden)

Die Positionsverben

T 135 *Bilden Sie Sätze im Präsens, Präteritum und Perfekt!*

1. *liegen* / meine Autoschlüssel / Schreibtisch **2.** *stecken* / die Zigaretten / meine Jackentasche **3.** *hängen* / Ihr Mantel / Garderobe **4.** *stehen* / die Wörterbücher / Bücherregal **5.** *liegen* / das Heft / Tisch **6.** *sitzen* / der alte Mann / Sessel

T 136 *Bilden Sie Sätze im Präsens, Präteritum und Perfekt!*

1. *legen* / ich / Brief / Schreibtisch **2.** *stecken* / der Briefträger / Post / Briefkasten **3.** *hängen* / wir / die Fotos / Wand im Flur **4.** *stellen* / Erika / die Blumenvase / Tisch im Wohnzimmer **5.** *legen* / Frank / Fotokatalog / Schublade **6.** *setzen* / die Kinder / Katze / Stuhl **7.** sich *legen* / die alte Frau / Bett **8.** sich *stellen* / wir / zum Fotografieren / Gartentür **9.** sich *setzen* / die jungen Leute / Bank / im Garten

T 137 *Fragen Sie nach den Lokalergänzungen* (→ R 88), *und stellen Sie Rückfragen!*

Beispiel: Die Vase *steht auf dem* kleinen Tisch.
Wo steht die Vase?
Ich habe die Vase *auf den* kleinen Tisch *gestellt.*
Wo hast du die Vase *hingestellt*? (*Wohin* hast du sie gestellt?)

1. Die Zeitung liegt auf dem Radio. **2.** Deine Autoschlüssel stecken in deiner Jackentasche. **3.** Deine Brille liegt auf dem Schreibtisch. **4.** Mein Fahrrad steht hinter dem Haus. **5.** Die geschmuggelten Zigaretten stecken zwischen der Wäsche. **6.** Die Vase mit den Rosen steht auf dem Fensterbrett im Wohnzimmer. **7.** Dein Mantel hängt im Kleiderschrank. **8.** Das Kätzchen sitzt im Gartensessel.

Zur Kontrolle

T 135: 1. Meine Autoschlüssel liegen/lagen auf dem Schreibtisch / ... haben auf dem Schreibtisch gelegen. 2. Die Zigaretten stecken/steckten (staken[1]) in meiner Jackentasche / ... haben in meiner Jackentasche gesteckt. 3. Ihr Mantel hängt/hing an der Garderobe / ... hat an der Garderobe gehangen. 4. Die Wörterbücher stehen/standen im Bücherregal / ... haben im Bücherregal gestanden. 5. Das Heft liegt/lag auf dem Tisch / ... hat auf dem Tisch gelegen. 6. Der alte Mann sitzt/saß im Sessel / ... hat im Sessel gesessen.

Die Präpositionen (→ R 73) verlangen die Dativform, wenn das Verb im Prädikat die Lage, die Position angibt. (*Wo* befindet sich ...?)
Im allgemeinen signalisieren *liegen* eine horizontale Position und
stehen eine vertikale Position.

[1] Die starken Formen von *stecken* sind nicht mehr so häufig im Gebrauch.

T 136: 1. Ich lege/legte den Brief auf den Schreibtisch / ... habe ... gelegt. 2. Der Briefträger steckt / steckte die Post in den Briefkasten / ... hat ... gesteckt. 3. Wir hängen/hängten die Fotos an die Wand im Flur / ... haben ... gehängt. 4. Erika stellt/stellte die Blumenvase auf den Tisch im Wohnzimmer / ... hat ... gestellt. 5. Frank legt/legte den Fotokatalog in die Schublade / ... hat ... gelegt. 6. Die Kinder setzen/setzten die Katze auf den Stuhl / ... haben ... gesetzt. 7. Die alte Frau legt/legte sich ins Bett / ... hat sich ... gelegt. 8. Wir stellen/stellten uns zum Fotografieren vor die Gartentür / ... haben uns ... gestellt. 9. Die jungen Leute setzen/setzten sich auf die Bank im Garten / ... haben sich ... gesetzt.

Die Präpositionen (→ R 73) verlangen die Akkusativform, wenn das Verb im Prädikat ein Geschehen bezeichnet, das auf ein Ziel (Lokalergänzung → R 88) gerichtet ist. (*Wohin* ...? / Wo ... *hin-* ...?). Die Verben *hängen* und *stecken* werden in diesem Sinne als schwache Verben behandelt. → R 2,1
Im allgemeinen bedeuten *legen* „in eine horizontale Position bringen",
stellen „in eine vertikale Position bringen".

T 137: 1. ... auf das Radio gelegt. – Wo hast du sie hingelegt? 2. ... in deine Jackentasche gesteckt. – Wo hast du sie hingesteckt? 3. ... auf den Schreibtisch gelegt. – Wo hast du sie hingelegt? 4. ... hinter das Haus gestellt. – Wo hast du es hingestellt? 5. ... zwischen die Wäsche gesteckt. – Wo hast du sie hingesteckt? 6. ... auf

das Fensterbrett im Wohnzimmer gestellt. – Wo hast du sie hingestellt? 7. ... in den Kleiderschrank gehängt. – Wo hast du ihn hingehängt? 8. ... in den Gartensessel gesetzt. – Wo hast du es hingesetzt?
→ R 73 und *Satzbaulineal* Seite 65

Verben mit modalem Gebrauch

brauchen + *nicht/kein/nur/bloß/erst* ... + *zu* + Infinitiv

T 138 *Antworten Sie auf die Fragen mit der angegebenen Verneinung oder Einschränkung!*

1. *nicht:* Mußt du jeden Tag früh aufstehen? **2.** *nicht:* Müßt ihr morgens eure Betten machen? **3.** *nur einmal in der Woche:* Müssen Sie jeden Tag einkaufen gehen? **4.** *erst um 10 Uhr:* Sollen wir schon um 9 Uhr bei euch sein? **5.** *kein:* Mußt du zu Hause bei deinen Eltern Miete zahlen?
6. *nicht:* Müssen Sie samstags arbeiten? **7.** *bloß einmal in der Woche:* Mußt du jeden Tag deine Eltern anrufen? **8.** *nur das erste Kapitel:* Sollst du das ganze Buch durchlesen? **9.** *nur selten:* Müßt ihr euch oft über eure Kinder ärgern? **10.** *erst um 10 Uhr abends:* Müssen die Kinder früh zu Bett gehen?

haben ... + *zu* + Infinitiv

T 139 *Was für Pflichten können folgende Leute (unter anderem) haben? (Finden Sie das übrigens richtig?)*

1. *eine Hausfrau:* den Haushalt führen – die Wohnung sauber halten – Essen zubereiten – die Kleidung der Familie in Ordnung halten **2.** *ein Student:* studieren – Vorlesungen besuchen – Fachbücher lesen **3.** *ein Kind:* viel lernen – in die Schule gehen – Schularbeiten machen – den Eltern gehorchen
4. *ein Arbeitnehmer:* pünktlich zur Arbeit kommen – gewissenhaft arbeiten
5. *ein Politiker:* die Interessen seiner Wähler vertreten – für das Wohl seines Landes wirken – persönliche Interessen hinter die Interessen der Allgemeinheit zurückstellen

sein ... + *zu* + Infinitiv

T 140 *Drücken Sie die Feststellungen mit „sein" + „zu" + Infinitiv aus!*

1. Man kann die Sorgen der Eltern gut verstehen. **2.** Man kann ein solch teures Auto nicht bezahlen. **3.** Man kann dieses zähe Steak nicht essen.
4. Man kann die augenblickliche Situation nicht ändern. **5.** Ich konnte dich gestern am Telefon nur schlecht verstehen. – Du ... **6.** Den Leuten konnte niemand helfen. **7.** Das kann man nicht beweisen.

T 141 *Formulieren Sie allgemeine Forderungen!*

1. abends die Haustür abschließen 2. nachts die Fenster schließen 3. die Miete pünktlich zahlen 4. den Rechnungsbetrag sofort überweisen 5. die Übungen sorgfältig machen und auf Fehler überprüfen

scheinen ... + *zu* + Infinitiv

T 142 *Formulieren Sie folgende Vermutungen mit Hilfe von „scheinen" um!*

1. Du bist offenbar sehr müde. 2. Das Wetter verschlechtert sich anscheinend. 3. Peter hat sich anscheinend einen neuen Wagen gekauft. 4. Helga ist offenbar nicht zu Hause. 5. Das Zimmer ist anscheinend schon vermietet. 6. Die beiden jungen Leute sind offenbar verheiratet. 7. Unsere Gäste wollen anscheinend schon nach Hause fahren. 8. Sie erinnern sich offenbar nicht mehr an mich. 9. Du bist heute offenbar sehr schlecht gelaunt. 10. Der Zug ist anscheinend schon abgefahren. 11. Beim Chef ist anscheinend Besuch. 12. Der Mann hat dich offenbar beeindruckt.

pflegen ... *zu* + Infinitiv

T 143 *Formen Sie folgende Mitteilungen mit Hilfe von „pflegen" um!*

1. Wir gehen abends gewöhnlich früh zu Bett. 2. Herr Müller kommt gewöhnlich 5 Minuten vor Arbeitsbeginn ins Büro. 3. Ich trinke nach dem Mittagessen gewöhnlich noch einen Kaffee. 4. Mein Vater liest gewöhnlich vor dem Einschlafen noch etwas. 5. Während der großen Pause zwischen dem 1. und dem 2. Akt gehen die meisten Theaterbesucher ins Foyer und unterhalten sich.

Zur Kontrolle

T 138: 1. Ich brauche nicht ... aufzustehen. 2. Wir brauchen morgens unsere Betten nicht zu machen. 3. Ich brauche nur einmal in der Woche einkaufen zu gehen. 4. Ihr braucht erst um 10 Uhr bei uns zu sein. 5. Ich brauche ... keine Miete zu zahlen. 6. Ich brauche ... nicht zu arbeiten. 7. Ich brauche ... bloß einmal in der Woche anzurufen. 8. Ich brauche nur das erste Kapitel durchzulesen. 9. Wir brauchen uns nur selten über unsere Kinder zu ärgern. 10. Die Kinder brauchen erst um 10 Uhr abends zu Bett zu gehen.
brauchen ... *nicht* + *zu* + Infinitiv ist die allgemeine Verneinung des Modalverbs *müssen*. → R 21

T 139: 1. Eine Hausfrau hat ... zu führen. Sie hat ... zu halten. Sie hat ... zuzubereiten. Sie hat ... zu halten. 2. Ein Student hat zu studieren. Er hat ... zu besuchen. Er hat ... zu lesen. 3. Ein Kind hat viel zu lernen. Es hat ... zu gehen. Es hat ... zu machen. Es hat ... zu gehorchen. 4. Ein Arbeitnehmer hat ... zu kommen. Er hat ... zu arbeiten. 5. Ein Politiker hat ... zu vertreten. Er hat ... zu wirken. Er hat ... zurückzustellen.

haben ... + *zu* + Infinitiv drückt die Pflicht oder die Verpflichtung zu etwas aus, ähnlich den Modalverben *müssen* oder *sollen*. → R 21

T 140: 1. Die Sorgen der Eltern sind gut zu verstehen. 2. Solch ein teures Auto ist nicht zu bezahlen. 3. Dieses zähe Steak ist nicht zu essen. 4. Die augenblickliche Situation ist nicht zu ändern. 5. Du warst gestern am Telefon nur schlecht zu verstehen. 6. Den Leuten war nicht zu helfen. 7. Das ist nicht zu beweisen.

T 141: 1. Abends ist die Haustür abzuschließen. 2. Nachts sind die Fenster zu schließen. 3. Die Miete ist pünktlich zu zahlen. 4. Der Rechnungsbetrag ist sofort zu überweisen. 5. Die Übungen sind sorgfältig zu machen und auf Fehler zu überprüfen.
sein ... + *zu* + Infinitiv drückt die Möglichkeit oder Unmöglichkeit aus, ebenso auch allgemeine Forderungen.

T 142: 1. Du scheinst sehr müde zu sein. 2. Das Wetter scheint sich zu verschlechtern. 3. Peter scheint sich ... gekauft zu haben. 4. Helga scheint nicht zu Hause zu sein. 5. Das Zimmer scheint schon vermietet zu sein. 6. Die beiden jungen Leute scheinen verheiratet zu sein. 7. Unsere Gäste scheinen schon nach Hause fahren zu wollen. 8. Sie scheinen sich nicht mehr an mich zu erinnern. 9. Du scheinst heute sehr schlecht gelaunt zu sein. 10. Der Zug scheint schon abgefahren zu sein. 11. Beim Chef scheint Besuch zu sein. 12. Der Mann scheint dich beeindruckt zu haben.
scheinen ... + *zu* + Infinitiv drückt die Vermutung aufgrund eines subjektiven Eindrucks aus.

T 143: 1. Wir pflegen ... zu gehen. 2. Herr Müller pflegt ... zu kommen. 3. Ich pflege ... zu trinken. 4. Mein Vater pflegt ... zu lesen. 5. Während ... pflegen die meisten Theaterbesucher ... zu gehen und sich zu unterhalten.
pflegen ... + *zu* + Infinitiv drückt eine Gewohnheit aus.
Bemerkung: Bei der Umformung entfällt das Modalglied (→ R 102), weil das Verb „pflegen" den modalen Inhalt übernimmt.

lassen + Infinitiv

T 144 *Veranlassen Sie das bitte!*

Beispiel: Ist der Tisch schon gedeckt?
Nein, aber ich *lasse* ihn jetzt *decken*.

1. Ist das Taxi schon bestellt? **2.** Ist der Film schon entwickelt? **3.** Sind die Fotos schon vergrößert? **4.** Ist dein Kleid schon geändert? **5.** Ist die Rechnung schon quittiert? **6.** Ist der Brief an die Firma Blech & Co. schon geschrieben?

Beispiel: Die Rechnung muß noch quittiert werden. *Lassen* Sie sie gleich *quittieren*!

7. Der Brief muß noch unterschrieben werden. **8.** Dein Wagen muß unbedingt repariert werden. **9.** Ihre Miete muß noch überwiesen werden. **10.** Der Rasen muß noch gemäht werden. **11.** Der Bauschutt muß noch abtransportiert werden. **12.** Im Hotel „Alte Post" muß noch für Herrn Schmidt ein Zimmer reserviert werden.

T 145 *Das mache ich nicht selber. Das lasse ich machen.*

Beispiel: Waschen Sie Ihre Wäsche selber?
Nein, ich *lasse* sie *waschen*.

1. Räumen Sie Ihr Zimmer selber auf? **2.** Bringen Sie die Briefe selber zur Post? **3.** Besorgen Sie sich die Fahrkarten selber? **4.** Holen Sie Herrn Heller selber vom Bahnhof ab? **5.** Reparieren Sie hier im Haus alles selber? **6.** Setzen Sie Ihren Wagen selber instand?

T 146 *Sie haben nichts dagegen. Es ist Ihnen gleichgültig.*

Beispiel: Die Kinder wollen im Garten spielen.
Laß sie ruhig im Garten *spielen*!

1. Meine Tochter will zum Tanzen gehen. **2.** Der Junge will zu uns hereinkommen. **3.** Die Leute wollen hier rauchen. **4.** Das Mädchen möchte mit deinem Fahrrad fahren. **5.** Die Frau will hier warten. **6.** Der Wagen hinter uns will überholen. **7.** Der junge Mann will sein Motorrad vor unserem Haus parken. **8.** Die Mädchen wollen sich zum Sonnen auf die Terrasse legen.

T 147 *Bilden Sie das Perfekt!*

Beispiel: Soll ich die Tür noch offen lassen?
Ja, bitte. Ich *habe* sie absichtlich offen *gelassen*.

1. Soll ich die Fenster noch zulassen? **2.** Soll ich den Hund noch draußen lassen? **3.** Soll ich das Licht im Flur noch anlassen? **4.** Soll ich das Essen noch auf dem Herd lassen? **5.** Soll ich den Kuchen noch im Ofen lassen? **6.** Soll ich den Mantel noch im Schrank lassen? **7.** Soll ich den Wagen noch in der Garage lassen?

T 148 *Antworten Sie, und stellen Sie dann eine Rückfrage!*

Beispiel: Sind die Koffer schon abgeholt?
a) Nein, aber ich *lasse* sie gleich *abholen*.
b) Ja, ich *habe* sie vorhin schon *abholen lassen*.
c) Weißt du denn nicht, daß ich sie vorhin *habe abholen lassen*?

1. Ist der Wagen schon gewaschen? **2.** Ist der Fernseher schon repariert? **3.** Ist der Tisch schon gedeckt? **4.** Sind die Betten schon gemacht? **5.** Ist das Zimmer schon aufgeräumt? **6.** Ist das Formular schon ausgefüllt? **7.** Sind deine Eltern schon benachrichtigt? **8.** Ist das Zimmer für Herrn Heller schon reserviert?

T 149 *Reagieren Sie!*

Beispiel: Da liegt dein Paß auf dem Schreibtisch!
Ach, da *habe* ich ihn *liegen lassen.*

1. Da steht dein Regenschirm vor der Haustür! **2.** Da steckt der Hausschlüssel noch im Schloß! **3.** Da hängt deine Jacke über dem Stuhl! **4.** Da stehen deine Hausschuhe unter dem Bett! **5.** Da steckt dein Portemonnaie in deiner Manteltasche! **6.** Da liegen deine Bücher auf dem Bett! **7.** Da hängt dein Handtuch am Fenster! **8.** Da steht dein Fahrrad an der Wand!

Zur Kontrolle

T 144: 1. ich lasse es jetzt bestellen 2. ich lasse ihn jetzt entwickeln 3. ich lasse sie jetzt vergrößern 4. ich lasse es jetzt ändern 5. ich lasse sie jetzt quittieren 6. ich lasse ihn jetzt schreiben 7. Lassen Sie ihn gleich unterschreiben! 8. Laß ihn gleich reparieren! 9. Lassen Sie sie gleich überweisen! 10. Lassen Sie ihn gleich mähen! 11. Lassen Sie ihn gleich abtransportieren! 12. Lassen Sie es gleich reservieren!

Bemerkung: Die strukturunabhängigen Satzglieder (→ R 100) können im nachfolgenden Satz (Imperativsatz) entfallen.

T 145: 1. ich lasse es aufräumen 2. ich lasse sie zur Post bringen 3. ich lasse sie besorgen 4. ich lasse ihn abholen 5. ich lasse alles reparieren 6. ich lasse ihn instandsetzen

T 146: 1. Laß sie ruhig zum Tanzen gehen! 2. Laß ihn ruhig hereinkommen! 3. Laß sie hier ruhig rauchen! 4. Laß es ruhig mit meinem Fahrrad fahren! 5. Laß sie hier ruhig warten! 6. Laß ihn ruhig überholen! 7. Laß es ihn ruhig vor unserem Haus parken![1] 8. Laß sie sich ruhig zum Sonnen auf die Terrasse legen.

[1] Hier handelt es sich um zwei Akkusativobjekte: *lassen* + Oa und *parken* + Oa, weil es sich um zwei ineinandergreifende Satzsysteme handelt.

T 147: 1. Ich habe sie absichtlich zugelassen. 2. Ich habe ihn ... draußen gelassen. 3. Ich habe es ... angelassen. 4. Ich habe es ... noch auf dem Herd gelassen. 5. Ich habe ihn ... noch im Ofen gelassen. 6. Ich habe ihn ... noch im Schrank gelassen. 7. Ich habe ihn ... noch in der Garage gelassen.

T 148: a) 1. aber ich lasse ihn gleich waschen 2. aber ich lasse ihn gleich reparieren 3. aber ich lasse ihn gleich decken 4. aber ich lasse sie gleich machen 5. aber ich lasse es gleich aufräumen 6. aber ich lasse es gleich ausfüllen 7. aber ich lasse sie gleich benachrichtigen 8. aber ich lasse es gleich reservieren
b) 1. ich habe ihn ... waschen lassen 2. ich habe ihn ... reparieren lassen 3. ich habe ihn ... decken lassen 4. ich habe sie ... machen lassen 5. ich habe es ... aufräumen lassen 6. ich habe es ... ausfüllen lassen 7. ich habe sie ... benachrichtigen lassen 8. ich habe es ... reservieren lassen
c) 1. daß ich ihn ... habe waschen lassen? 2. daß ich ihn ... habe reparieren lassen? 3. daß ich ihn ... habe decken lassen? 4. daß ich sie ... habe machen lassen? 5. daß ich es ... habe aufräumen lassen? 6. daß ich es ... habe ausfüllen lassen? 7. daß ich sie ... habe benachrichtigen lassen? 8. daß ich es ... habe reservieren lassen?
Wenn *lassen* mit dem Infinitiv eines anderen Verbs zusammenwirkt, bildet es die Vergangenheitsformen nicht mit dem Partizip II, sondern mit dem Infinitiv. → R 27

In den Nebensatzformen steht beim Ausdruck der Vergangenheit die Personalform vor den Prädikatsergänzungen bzw. vor den beiden Infinitiven. → R 88, R 126

T 149: 1. Ach, da habe ich ihn ... stehen lassen. 2. Ach, da habe ich ihn ... stecken lassen. 3. Ach, da habe ich sie ... hängen lassen. 4. Ach, da habe ich sie ... stehen lassen. 5. Ach, da habe ich es ... stecken lassen. 6. Ach, da habe ich sie ... liegen lassen. 7. Ach, da habe ich es ... hängen lassen. 8. Ach, da habe ich es ... stehen lassen.

hören/sehen + Infinitiv

T 150 *Drücken Sie die Wahrnehmung folgender Sachverhalte aus, indem Sie die Sätze umformen.*

Beispiel: Ich höre, wie *jemand ins Haus kommt.*
Ich höre *jemanden ins Haus kommen.*
Ich habe gesehen, wie *jemand ins Haus gekommen ist.*
Ich habe *jemanden ins Haus kommen* sehen.

1. Ich höre, wie die Kinder im Nebenzimmer spielen. **2.** Hörst du, wie die Nachbarn miteinander streiten? **3.** Ich höre, wie Fräulein Meier aus dem Büro geht. **4.** Ich sehe, wie Ihre Tochter gerade in den Bus steigt. **5.** Ich sehe, wie Otto gerade mit deiner Freundin tanzt. **6.** Von hier aus können Sie sehen, wie die Maschinen starten und landen. **7.** Hast du gehört, wann Fritz heute nach Hause gekommen ist? **8.** Ich glaube nicht, daß du gehört hast, wann ich heute nacht nach Hause gekommen bin. **9.** Fritz hat mir gesagt, daß er gesehen habe, wie du mit meiner Freundin getanzt hast.
10. Sagten Sie nicht, daß Sie gehört haben, wie der Dieb ins Haus gekommen ist?

helfen + Infinitiv

T 151 *Bieten Sie Ihre Hilfe an!*

Beispiel: *Du machst Brote?* / *... die Brote für die Gäste?*
Ich helfe *dir Brote machen.* / *..., die Brote für die Gäste* **zu** *machen.*

1. Du wäschst Wäsche? **2.** Du bereitest das Mittagessen vor? **3.** Ihr putzt Schuhe? **4.** Ihr repariert Autos? **5.** Du wäschst deinen Wagen? **6.** Ihr füllt Formulare aus? **7.** Du füllst den Lottoschein aus?

Klaus hat jemandem bei einer Tätigkeit geholfen. Fragen Sie danach mit „Hat Klaus ...?"!

8. Die Nachbarsjungen haben Zeitungen ausgetragen. **9.** Meine Schwester hat den Tisch gedeckt. **10.** Wir haben Schnee geschippt. **11.** Wir haben den Schnee vor dem Haus weggeschippt. **12.** Frau Kruse hat Kuchen gebacken.

T 152 *Wiederholen Sie T 151, und fragen Sie, ob der Sachverhalt zutrifft, und zwar mit der Frage: Stimmt es, daß ...?*

Zur Kontrolle

T 150: 1. Ich höre die Kinder im Nebenzimmer spielen. 2. Hörst du die Nachbarn ... streiten? 3. Ich höre Fräulein Meier ... gehen. 4. Ich sehe Ihre Tochter ... steigen. 5. Ich sehe Otto ... tanzen. 6. Von hier aus können Sie die Maschinen starten und landen sehen. 7. Hast du Fritz heute nacht nach Hause kommen hören?[1] 8. Ich glaube nicht, daß du mich heute nacht hast nach Hause kommen hören.[2] 9. Fritz hat mir gesagt, daß er dich mit meiner Freundin hat tanzen sehen. 10. Sagten Sie nicht, daß Sie den Dieb haben ins Haus kommen hören?

[1] In Verbindung mit anderen Verben bildet *hören/sehen* die Vergangenheitsformen nicht mit dem Partizip II, sondern mit dem Infinitiv. → R 125

[2] In den Nebensatzformen steht die Personalform nicht beim Prädikat, sondern vor den Prädikatsergänzungen. (→ R 88, R 96, R 126 und *Satzbaulineal* Seite 65)

T 151: 1. Ich helfe dir Wäsche waschen. 2. Ich helfe dir, das Mittagessen vorzubereiten. 3. Ich helfe euch Schuhe putzen. 4. Ich helfe euch Autos reparieren. 5. Ich helfe dir, deinen Wagen zu waschen. 6. Ich helfe euch Formulare ausfüllen. 7. Ich helfe dir, den Lottoschein auszufüllen. 8. Hat Klaus den Nachbarsjungen Zeitungen austragen helfen?[1] 9. Hat Klaus meiner Schwester geholfen, den Tisch zu decken?[2] 10. Hat euch Klaus Schnee schippen helfen? 11. Hat euch Klaus geholfen, den Schnee vor dem Haus wegzuschippen? 12. Hat Klaus Frau Kruse Kuchen backen helfen?

[1] In Verbindung mit anderen Verben bildet *helfen* die Vergangenheitsformen nicht mit dem Partizip II, sondern mit dem Infinitiv. → R 125

[2] Wenn das Objekt definiert ist, steht ein Infinitivsatz. → R 81 (*zu* + Infinitiv)

T 152: 1. Stimmt es, daß du mir Wäsche waschen hilfst? 2. daß du mir hilfst, das Mittagessen vorzubereiten? 3. daß du uns Schuhe putzen hilfst? 4. daß du uns Autos reparieren hilfst? 5. daß du mir hilfst, meinen Wagen zu waschen? 6. daß du uns Formulare ausfüllen hilfst? 7. daß du mir hilfst, den Lottoschein auszufüllen? 8. daß Klaus den Nachbarsjungen hat Zeitungen austragen helfen? 9. daß Klaus meiner Schwester geholfen hat, den Tisch zu decken? 10. daß euch Klaus hat Schnee schippen helfen? 11. daß euch Klaus geholfen hat, den Schnee vor dem Haus wegzuschippen? 12. daß Klaus Frau Kruse hat Kuchen backen helfen?
In Nebensätzen steht beim Ausdruck der Vergangenheit und im Futur die Personalform des Verbs vor dem Objekt, wenn statt des Partizip II von *helfen* der Infinitiv steht.
→ R 27, R 126

sein + Partizip II

T 153 *Nennen Sie den erreichten Status bzw. Zustand!*

Beispiel: *Hast* du das Essen schon *vorbereitet*? –
Ja, das Essen *ist* schon *vorbereitet*.

1. Habt ihr euer Zimmer aufgeräumt? **2.** Hast du deine Koffer gepackt? **3.** Hat Erika die Haustür abgeschlossen? **4.** Haben Sie das Anmeldeformular ausgefüllt? **5.** Hast du die Rechnung bezahlt? **6.** Hat Herr Becher die Wohnung schon vermietet? **7.** Haben Sie den Kaufvertrag schon unterschrieben? **8.** Hast du Richard von unserer Ankunft benachrichtigt? **9.** Hast du für uns im Restaurant einen Tisch bestellt? **10.** Hast du unsere Miete an den Vermieter überwiesen?

Zur Kontrolle

T 153: 1. unser Zimmer ist schon aufgeräumt. 2. meine Koffer sind schon gepackt. 3. die Haustür ist schon abgeschlossen. 4. das Anmeldeformular ist schon ausgefüllt. 5. die Rechnung ist schon bezahlt. 6. die Wohnung (von Herrn Becher) ist schon vermietet. 7. der Kaufvertrag ist schon unterschrieben. 8. Richard ist schon (von unserer Ankunft) benachrichtigt. 9. für uns ist schon ein Tisch bestellt. 10. unsere Miete ist schon (an den Vermieter) überwiesen.

→ R 7

Das Verb *sein* + Partizip II bezeichnet einen erreichten Status bzw. Zustand; vgl. *er hat sich verletzt → er ist verletzt, er ist krank geworden → er ist krank.*

Subjekt (S)
Übereinstimmung Subjekt und Personalform des Verbs (Sonderfälle)

Setzen Sie die Personalformen ein!

T 154 **1.** *arbeiten:* Du und ich … nun schon viele Jahre in derselben Firma. **2.** *sein:* Weder ich noch du … in diesem Jahr in Urlaub gewesen. **3.** *haben:* Sowohl wir als auch ihr … immer unsere Pflicht erfüllt. **4.** *fahren:* Paul und ich … gemeinsam in Urlaub. **5.** *haben:* Weder ich noch meine Mitschüler … die Aufgabe richtig gelöst. **6.** *sein* (Präteritum): Sowohl du als auch Inge … letzten Sonntag in der Kirche. **7.** *gehen:* Entweder … du oder Dieter heute zum Einkaufen. (Entweder … Dieter oder du heute zum Einkaufen.) **8.** *gehen:* Nicht ich, sondern Dieter … heute zum Einkaufen. **9.** *kosten:* Ein Kilo Orangen … DM 2,50. **10.** *sein:* Wer … diese Leute? – Das … Touristen aus England. **11.** *sein:* Wer ist das? – Das … meine Mitschüler. **12.** *gehen:* … du und Manfred heute ins Theater? (… Manfred und du heute ins Theater?) – Nein, Manfred und ich … heute nicht ins Theater.

T 155 1. *werden:* Weder du noch ich ... heute das Zimmer aufräumen, sondern Peter. 2. *sollen:* Mutter sagte, daß entweder du oder ich das Zimmer aufräumen ... . (..., daß entweder ich oder du das Zimmer aufräumen ... .) 3. *gehen:* ... du oder Peter ins Kino? (... Peter oder du ins Kino?) – Peter und ich ... zusammen ins Kino. 4. *kommen:* ... du heute zu mir oder Peter? (... Peter heute zu mir oder du?) 5. *sein:* Peter und du ... doch Freunde, oder nicht? 6. *haben:* ... euch Herr und Frau Schmidt gestern besucht? 7. *haben:* Nein, weder Herr noch Frau Schmidt ... uns besucht, sondern Herr Müller. 8. *sein:* Du und ich ... doch schon lange befreundet. 9. *müssen:* Sowohl du als auch ich ... morgen arbeiten. 10. *haben:* Fritz und du ... jetzt Feierabend. (*können*): Ihr ... jetzt nach Hause gehen. 11. *sollen:* ... du oder ich zum Meister kommen? (... ich oder du zum Meister kommen?)

T 156 *Setzen Sie die geeigneten Subjekte (Pronomen) und Personalformen in die Attributsätze (Relativsätze) ein!*

1. *haben:* „Warst du das, ... mein Fahrrad im Regen stehen gelassen ...?" fragte Hans den Fritz. 2. *tun:* „Ich bin es, ... im Haus die meiste Arbeit ...", sagt Frau Meier zu ihrem Mann. 3. *arbeiten:* „Ich, ... den ganzen Tag in der Fabrik ..., möchte abends meine Ruhe haben", sagte Klaus. 4. *helfen:* „Du, ... hier im Hause kaum ..., kannst auch mal etwas für uns tun", ermahnte die Mutter ihre Tochter. 5. *sein:* „Und du, mein Sohn, ... noch bei uns zu Hause ..., könntest auch etwas für die Familiengemeinschaft tun", rügte der Vater.

Zur Kontrolle

T 154: 1. (,wir) arbeiten 2. sind / (keiner von uns ist) 3. (,wir) haben 4. (,wir) fahren 5. haben / (keiner von uns hat) 6. (,ihr) wart 7. gehst (geht) 8. geht 9. kostet/kosten 10. sind – sind 11. sind 12. Gehst (Geht) – (,wir) gehen

T 155: 1. werden / (keiner von uns wird) 2. soll (sollst) 3. Gehst (Geht) – (,wir) gehen 4. Kommst (Kommt) 5. (,ihr) seid 6. Haben 7. haben / (keiner von ihnen hat) 8. (,wir) sind 9. (,wir) müssen 10. (,ihr) habt – könnt 11. Sollst (Soll)

T 156: 1. der ... hat 2. die ... tut 3. der ich ... arbeite 4. die du ... hilfst 5. der du ... bist

Die formale Übereinstimmung von Subjekt und der Personalform des Verbs wird im allgemeinen durch die Konjugationsmuster der Verben sichergestellt. → R 8, R 9, R 13, R 14, R 18, R 19, R 22, R 23, R 25, R 26
Wenn allerdings unterschiedliche Personen im Subjekt stehen, gelten folgende Regeln:

ich + du (= wir)	ich + er/es/sie (= wir)
ich + ihr (= wir)	ich + sie/Sie (= wir)
du + er/es/sie (= ihr)	
du + sie (Plural) (= ihr)	

Ebenso wenn die Personen durch anreihende Konjunktionen verbunden werden; z. B. *und, sowohl ... als auch ..., weder ... noch.*
Wenn sie durch disjunktive (trennende) Konjunktionen verbunden werden, richtet sich die Personalform nach der Person, die dem Verb am nächsten steht; das ist der Fall bei den Konjunktionen *oder, entweder ... oder.*
Wenn Relativsätze von den Personalpronomen *ich, du, Sie* abhängen, werden die Personalpronomen nach dem Relativpronomen wiederholt, um die Übereinstimmung mit der Personalform wiederherzustellen; dabei bezieht sich das Relativpronomen *der* auf männliche und das Relativpronomen *die* auf weibliche Personen.

Akkusativobjekt (Oa)

T 157 *Setzen Sie die Objekte ein!*

1. *unsere Eltern:* Wir müssen morgen abend vom Flugplatz abholen. 2. *meinen neuen Kollegen:* Heute nachmittag hat der Abteilungsleiter zu sich bestellt. 3. *sein Gepäck:* Hat Herr Bolle auf dem Bahnhof gelassen? 4. *dein Zimmer:* Wie oft habe ich dir schon gesagt, daß du in Ordnung halten sollst! 5. *den Brief:* Wer kann mir ins Deutsche übersetzen? 6. *den Weg zum Bahnhof:* Der Polizist hat mir genau beschrieben. 7. *eine Mittelmeerreise:* Das Reisebüro hat meinem Freund empfohlen. 8. *dein Fahrrad:* Kannst du morgen meinem Bruder leihen? 9. *den neuesten Warenkatalog:* Die Versandfirma übersendet regelmäßig ihren Kunden. 10. *die neue Sekretärin:* Der Chef hat gestern seinen Mitarbeitern vorgestellt.

Akkusativobjekt (oa)

T 158 *Setzen Sie in der Antwort die Personalpronomen ein!*

1. Was machst du mit den Blumen? – *sie:* Ich schenke meiner Mutter. 2. Hast du den Zimmerschlüssel? – *ihn:* Ja, der Portier hat mir gegeben. 3. Können Sie mir den Stadtplan leihen? – *ihn:* Ich leihe Ihnen gerne bis morgen. 4. Wem schickst du das Päckchen? – *es:* Ich schicke meiner Tante zum Geburtstag. 5. Habt ihr noch kein Essen? – *es:* Nein, der Kellner hat uns noch nicht gebracht. 6. Wer stellt euch die Zeitungen zu? – *sie:* Der Briefträger stellt uns zu. 7. Kannst du mir einen Wunsch erfüllen? – *ihn:* Ich erfülle dir gerne, wenn ich kann. 8. Wer hat Ihnen die Reise empfohlen? – *sie:* Das Reisebüro hat mir empfohlen. 9. Kennt sich der neue Arbeiter mit der Maschine aus? – *sie:* Ich weiß nicht. Ich erkläre ihm auf jeden Fall. 10. Woher hast du den Fotoapparat? – *ihn:* Ich habe neulich meinem Vetter abgekauft.

Zur Kontrolle

T 157: 1. ... morgen abend unsere Eltern ... 2. ... der Abteilungsleiter meinen neuen Kollegen ... 3. ... Herr Bolle sein Gepäck ... 4. ..., ... du dein Zimmer ... 5. ... mir den Brief ... 6. ... mir den Weg zum Bahnhof ... 7. ... meinem Freund eine Mittelmeerreise ... 8. ... meinem Bruder dein Fahrrad ... 9. ... ihren Kunden den neuesten Warenkatalog. 10. ... seinen Mitarbeitern die neue Sekretärin ...

T 158: 1. ... sie meiner Mutter. 2. ... hat ihn mir ... 3. ... ihn Ihnen ... 4. ... es meiner Tante ... 5. ... hat es uns ... 6. ... stellt sie uns ... 7. ... erfülle ihn dir ... 8. ... hat sie mir ... 9. ... erkläre sie ihm ... 10. ... habe ihn neulich ...

→ R 96: Akkusativobjekte (Oa) nehmen den Stellplatz (7) ein; wenn Personalpronomen Akkusativobjekt sind (oa), besetzen sie den Stellplatz (2).
→ R 108, R 119 und *Satzbaulineal* Seite 65

Dativobjekt (Od)

T 159 *Setzen Sie die Objekte ein!*

1. *den Gästen:* Der Kellner hat das Essen gebracht. **2.** *Erika:* Ist es wahr, daß Paul einen Brillantring geschenkt hat? **3.** *seiner Sekretärin:* Herr Meyer hat eine Nachricht hinterlassen. **4.** *dem Lehrling:* Der Meister wird den Gebrauch der Maschine erklären. **5.** *ihren Enkelkindern:* In dem Märchen steht, daß die Großmutter eine Geschichte von bösen Hexen erzählt hat. **6.** *den Leuten:* Hat der Polizist das Betreten des Hauses verwehrt? **7.** *Otto:* Wann hat Peter den Brief geschrieben? **8.** *den Arbeitssuchenden:* Das Arbeitsamt soll neue Arbeitsplätze vermitteln. **9.** *dem Autofahrer:* In der Zeitung steht, daß die Polizei grobe Fahrlässigkeit vorwirft. **10.** *dem Außenminister:* Gestern hat der Botschafter eine Note seiner Regierung überreicht.

Dativobjekt (od)

T 160 *Setzen Sie die Objekte ein!*

1. *dir:* Hat Thomas das Buch zurückgegeben? **2.** *mir:* Kannst du deinen Kugelschreiber kurz leihen? **3.** *uns:* Erzähle doch nicht solche Unwahrheiten! **4.** *euch:* Ich versichere, daß ich die reine Wahrheit gesagt habe. **5.** *mir:* Warum mißgönnt ihr meinen Erfolg? **6.** *Ihnen:* Hat die Bank schon das Geld überwiesen? **7.** *Ihnen:* Habe ich es noch nicht gesagt? **8.** *mir:* Gestern hat sie das Geld telegrafisch überwiesen. **9.** *dir:* Soll ich jetzt mein neues Motorrad zeigen? **10.** *mir:* Das Motorrad hat mein Vater zum 18. Geburtstag geschenkt.

Zur Kontrolle

T 159: 1. ... hat den Gästen das Essen ... 2. ..., daß Paul (der[1]) Erika einen Brillantring ... 3. ... hat seiner Sekretärin eine Nachricht ... 4. ... wird dem Lehrling den Gebrauch ... 5. ..., daß die Großmutter ihren Enkelkindern eine Geschichte ... 6. ... der Polizist den Leuten das Betreten ... 7. ... hat Peter (dem[1]) Otto den Brief ... 8. ... soll den Arbeitssuchenden neue Arbeitsplätze ... 9. ..., daß die Polizei dem Autofahrer grobe Fahrlässigkeit ... 10. ... hat der Botschafter dem Außenminister eine Note ...

T 160: 1. Hat dir Thomas ... 2. Kannst du mir ... 3. Erzähle uns doch nicht ... 4. ... versichere (euch), daß ich euch ... 5. ... mißgönnt ihr mir ... 6. Hat Ihnen die Bank ... 7. Habe ich es Ihnen ... 8. ... hat sie mir das Geld ... 9. Soll ich dir jetzt ... 10. ... hat mir mein Vater ...

→ R 96: Dativobjekte (Od) nehmen den Stellplatz (6) ein; wenn ein Personalpronomen Dativobjekt ist (od), besetzt es den Stellplatz (3). → R 108, R 119 und *Satzbaulineal* Seite 65

Wenn das Dativobjekt (Od) einen höheren Mitteilungswert erhalten soll, besetzt es den Stellplatz (10) oder (9), falls das Akkusativobjekt den Stellplatz (10) beansprucht; vgl. T 5.

[1] Bei Personennamen kann zur Verdeutlichung der Objektfunktion der Artikel vor den Namen gesetzt werden.

Präpositionalobjekt (Op)

T 161 *Setzen Sie die Objekte ein!*

1. *über jede Kleinigkeit:* Früher habe ich mich geärgert; jetzt tue ich das nicht mehr. **2.** *für seine Frechheiten:* Der Junge will sich nicht entschuldigen. **3.** *an dein Versprechen:* Ich werde dich zu gegebener Zeit erinnern. **4.** *auf den Bus:* Karl erzählte, daß er mehr als eine Stunde hatte warten müssen. **5.** *auf mein Bewerbungsschreiben:* Warum wohl die Firma noch nicht geantwortet hat? **6.** *vor der Prüfung:* Es war schon immer so, daß sich die Schüler fürchten. **7.** *über die Probleme anderer Menschen:* Ihr unterhaltet euch immer. **8.** *auf den Rat unserer Eltern:* Wir haben als Kinder nicht immer gehört. **9.** *auf unsere Prüfung:* Wir haben uns in der letzten Zeit sehr intensiv vorbereitet. **10.** *an die erhöhten Preise:* Die Gewerkschaft will, daß die Löhne so schnell wie möglich angeglichen werden. **11.** *über die Gefahren des Rauchens:* Die Ärzte klären ihre Patienten auf. **12.** *von seiner Verlobung mit Heidi Bürger:* Hat euch Peter schon erzählt?

T 162 *Setzen Sie in den Antworten die pronominalen Objektformen ein!*

1. Haben sich die Gäste über kalte Zimmer beklagt? – Nein, soviel ich weiß, haben sie sich nicht beklagt. **2.** Hat sich Peter gestern von dir verabschiedet? – Er hat sich heute morgen verabschiedet. **3.** Kannst du dich nicht an unser Klima gewöhnen? – Nein. Es ist mir nicht möglich, mich zu gewöhnen. **4.** Haben Sie sich mit Ihrem Anliegen an den Direktor gewandt? – Ja, ich habe mich gestern persönlich gewandt. **5.** Hast du das Paket von deinen Eltern bekommen? – Ja, endlich. Ich habe eine Ewigkeit gewartet. **6.** Kennen Sie Herrn Kroll? – Ja, ich bin seit langem befreundet. **7.** Raten Sie mir, diesen Wagen zu kaufen? – Nein, ich rate Ihnen entschieden ab. **8.** Kannst du dich noch an deine Schulzeit erinnern? – Ja, ich kann mich noch sehr gut erinnern. **9.** Habt ihr euch bei Tante Erika schon für die Weihnachtsgeschenke bedankt? – Ja, wir haben uns gestern bei ihr bedankt. **10.** Müssen Sie sich noch von Ihrem Mitarbeiter verabschieden? – Ja, ich will jetzt zu ihm gehen und mich verabschieden.

Zur Kontrolle

T 161: 1. ... über jede Kleinigkeit geärgert. 2. ... für seine Frechheiten nicht entschuldigen. 3. ... an dein Versprechen erinnern. 4. ... hatte auf den Bus warten müssen. 5. ... auf mein Bewerbungsschreiben noch nicht geantwortet hat? 6. ... vor der Prüfung fürchten. 7. ... immer über die Probleme anderer Menschen. 8. ... auf den Rat unserer Eltern gehört. 9. ... auf unsere Prüfung vorbereitet. 10. ... an die erhöhten Preise angeglichen werden. 11. ... über die Gefahren des Rauchens auf. 12. ... von seiner Verlobung mit Heidi Bürger erzählt?

T 162: 1. ... nicht darüber beklagt. 2. ... von mir verabschiedet. 3. ..., mich daran zu gewöhnen. 4. ... damit an ihn gewandt. 5. ... darauf gewartet. 6. ... mit ihm befreundet. 7. ... davon ab. 8. ... daran erinnern. 9. ... dafür bedankt. 10. ... von ihm verabschieden.

→ R 96: Präpositionalobjekte nehmen auf dem Satzfeld den Stellplatz (11) ein. → R 108, vgl. *Satzbaulineal* Seite 65

Wenn das Prädikat im Nebensatz zwei Infinitive enthält, nimmt die Personalform den Stellplatz (10) ein.

Prädikatsergänzung (E)

Vgl. T 17, T 20, T 26–T 28.

→ R 88, R 89, R 90

Prädikatsergänzungen besetzen den Stellplatz (12) .

Angaben (A)

Vgl. T 7, T 11, T 18, T 21.

→ R 100: Angaben besetzen den Stellplatz (5). Wenn mehrere Angaben folgen, stehen sie in der Reihe At – Ak – Am – Al. Soll eine Angabe einen höheren Mitteilungswert erhalten, besetzt diese den Stellplatz (10) . → R 108, R 119

Nebensatzform: Gliedsätze

T 163 *Leiten Sie folgende Fragen mit „Können Sie mir sagen, ...?“ oder „Wissen Sie, ...?“ ein! Antworten Sie mit der Einleitung „Ich weiß nicht, ...“!*

1. Wo fahren hier die Busse ab? **2.** Wann fährt der nächste Bus nach Bonn? **3.** Wann kommt der Bus in Bonn an? **4.** Wo kann ich hier ein Hotel finden? **5.** Um wieviel Uhr fährt der nächste Zug nach Köln? **6.** Wieviel kostet eine Fahrkarte nach Köln?

T 164 wie T 163 *Antworten Sie mit der Einleitung „Ich weiß nicht, ob ...“ und „Ich weiß bestimmt, daß ...“!*

1. Habe ich in Frankfurt sofort Anschluß? **2.** Hat der Zug aus München Verspätung? **3.** Kann ich in Frankfurt meine Fahrt unterbrechen? **4.** Kann ich in dem Hotel noch ein Zimmer bekommen? **5.** Sind die Banken am Samstag geöffnet? **6.** Kann ich die Rechnung mit einem Scheck begleichen?

T 165 *Schließen Sie jeweils den zweiten Satz mit der Konjunktion „weil“ an!*

1. Ich konnte gestern nicht kommen. Ich hatte keine Zeit. **2.** Ich lese diese Zeitung nicht. Sie berichtet nicht objektiv genug. **3.** Zum Lesen brauche ich eine Brille. Ich bin etwas weitsichtig. **4.** Wir wollen uns einen neuen Fernseher anschaffen. Der alte funktioniert nicht mehr einwandfrei. **5.** Vater ist beim Lesen eingeschlafen. Er ist von der langen Reise übermüdet. **6.** An dem Neubau wird Tag und Nacht gearbeitet. Das Haus soll noch bis zum Wintereinbruch fertig werden.

Zur Kontrolle

T 163: 1. ..., wo ... abfahren? 2. ..., wann ... fährt? 3. ..., wann ... ankommt? 4. ..., wo ... finden kann? 5. ..., um wieviel Uhr ... fährt? 6. ..., wieviel ... kostet?
Die Fragewörter leiten als Verbindungsteile (**V**) den Gliedsatz ein und verweisen die Personalform des Verbs von der ersten Prädikatsstelle (**P**[1]) auf die zweite Prädikatsstelle (**P**[2]) ans Ende des Gliedsatzes. → R 81, R 124, Satzform 3, Tabelle Seite 62 und *Satzbaulineal* Seite 65. Die Gliedsätze stehen hier für Objekte, sie sind Objektsätze. → R 96, R 109, R 116

T 164: 1. ..., ob ... habe / ..., daß ... habe 2. ..., ob ... hat / ..., daß ... hat 3. ..., ob ... unterbrechen kann / ..., daß ... unterbrechen kann 4. ..., ob ... bekommen kann / ..., daß ... bekommen kann 5. ..., ob ... geöffnet sind / ..., daß ... geöffnet sind 6. ..., ob ... begleichen kann

Die Konjunktion *ob* leitet Gliedsätze ein, die noch eine offene Frage enthalten. Die Konjunktion *daß* leitet Gliedsätze ein, die eine Feststellung enthalten. → R 79, R 116, Satzform 3, Tabelle Seite 62 und *Satzbaulineal* Seite 65

T 165: 1. ..., weil ... hatte 2. ..., weil ... berichtet 3. ..., weil ... bin 4. ..., weil ... funktioniert 5. ..., weil ... ist 6. ..., weil ... soll
Die Konjunktion *weil* signalisiert den Grund. Der Kausalsatz mit *weil* steht meistens im Nachfeld eines Satzes. → R 79, R 115 und *Satzbaulineal* Seite 65

T 166 *Schließen Sie jeweils den zweiten Satz mit der Konjunktion „ohne daß" an! Beachten Sie, daß sich das unbestimmte Pronomen (→ R 50) ändert!*

1. Ich habe gestern die Party früher verlassen. Niemand hat es gemerkt. **2.** Meine Tochter hat heute das Mittagessen gekocht. Niemand hat ihr dabei geholfen. **3.** Paul war gestern bei uns. Ich habe nichts davon gewußt. **4.** Der Mann ist ins Haus gekommen. Niemand hat ihn gesehen. **5.** Du hast mein Fahrrad genommen. Du hast mich vorher nicht um Erlaubnis gefragt.

T 167 *Machen Sie einen Einwand zu den Feststellungen!*

Beispiel: Spät abends fährt noch ein Bus. – *Wenn* aber kein Bus fährt? Was dann?

1. Mein Freund holt uns vom Bahnhof ab. **2.** Wir bekommen in München ein Zimmer. **3.** Wir bekommen im Juli Urlaub. **4.** Morgen ist das Wetter gut. **5.** Hans besorgt uns Theaterkarten. **6.** Die Theatervorstellung ist nachmittags nicht ausverkauft.

T 168 *Leiten Sie die Feststellungen mit einem Konzessivsatz (Konjunktion „obwohl") ein! Der Konzessivsatz steht im Vorfeld. → „Satzbaulineal" Seite 65*

1. Die Sonne scheint so schön, doch es ist immer noch kalt. **2.** Die Leute hier sind arm, aber sie sind zufrieden. **3.** Die Benzinpreise sind sehr gestiegen, aber es wird immer noch viel Auto gefahren. **4.** Ich habe viel gegessen, aber ich habe immer noch Hunger. **5.** Unsere Ferien waren kurz, aber sie sind sehr schön gewesen. **6.** Der Wetterbericht hatte schönes Wetter vorausgesagt, aber es regnet heute.

Zur Kontrolle

T 166: 1. ..., ohne daß es jemand gemerkt hat. 2. ..., ohne daß ihr jemand dabei geholfen hat. 3. ..., ohne daß ich etwas davon gewußt habe. 4. ..., ohne daß ihn jemand gesehen hat. 5. ..., ohne daß du mich vorher um Erlaubnis gefragt hast.
→ R 79, R 115 und *Satzbaulineal* Seite 65
Die Konjunktion *ohne daß* signalisiert, daß ein Sachverhalt nicht eingetreten ist (oder eintritt), der eigentlich zu erwarten war. („negativer" Konsekutivsatz)

T 167: 1. Wenn er uns aber nicht (vom Bahnhof) abholt? 2. Wenn wir aber kein Zimmer bekommen? 3. Wenn wir aber keinen Urlaub bekommen? 4. Wenn aber morgen das Wetter nicht gut ist? 5. Wenn er uns aber keine Theaterkarten besorgt? (Wenn uns Hans aber ...?) 6. Wenn sie aber ausverkauft ist?
→ R 79, R 115 und *Satzbaulineal* Seite 65
Die Konjunktion *wenn* signalisiert eine Bedingung (Konditionalsatz). Die Stellung des Konditionalsatzes ist vorzugsweise im Vorfeld. → R 109

T 168: 1. Obwohl die Sonne so schön scheint, ist es (doch) ... 2. Obwohl die Leute hier arm sind, sind sie ... 3. Obwohl die Benzinpreise sehr gestiegen sind, wird immer noch viel Auto gefahren.[1] 4. Obwohl ich viel gegessen habe, habe ich ... 5. Obwohl unsere Ferien kurz waren, sind sie ... 6. Obwohl der Wetterbericht schönes Wetter vorausgesagt hatte, regnet es heute.

[1] Im Satz 3 entfällt das Pronomen *es*, weil das Vorfeld von einem Gliedsatz besetzt ist. → R 113

→ R 79, R 115 und *Satzbaulineal* Seite 65
Die Konjunktion *obwohl* signalisiert, daß der im Gliedsatz beschriebene Sachverhalt nicht die erwarteten Folgen hat.

T 169 *Bilden Sie Temporalsätze mit „wenn“!*

Wann freuen Sie sich? **1.** Das Wetter ist schön. **2.** Ich habe Feierabend. **3.** Ich fahre in Urlaub. **4.** Die Arbeit ist fertig.
Wann haben Sie sich als Kind gefreut? **5.** Es wurde endlich Weihnachten. **6.** Die Großeltern haben uns besucht. **7.** Ich habe im Schulzeugnis gute Noten bekommen. **8.** Ich hatte Geburtstag und viele Geschenke bekommen.
Wann ärgern Sie sich? **9.** Ich habe kein Geld. **10.** Das Wetter ist schön, und ich muß arbeiten. **11.** Im Fernsehen ist ein schlechtes Programm. **12.** Mein Freund/Meine Freundin vergißt die Verabredung.

T 170 *Bilden Sie mit dem jeweils ersten Satz einen Temporalsatz mit der Konjunktion „als“! Achten Sie auf die Zeitenfolge!* → R 131

Beispiel: *Ich kam gerade nach Hause*, da rief mich auch schon mein Freund an.
Als ich gerade nach Hause gekommen war, rief mich auch schon mein Freund an.

1. Wir waren gerade eine halbe Stunde auf der Autobahn, da passierte auch schon ein Unfall. **2.** Meine Freunde kamen gerade mit dem Taxi am Bahnhof an, da fuhr ihr Zug auch schon ab. **3.** Ich hatte gerade fünf Minuten auf dich gewartet, da kamst du auch schon. **4.** Wir hatten uns im Kino gerade hingesetzt, da begann auch schon der Film. **5.** Mein Vater war gerade aus dem Haus gegangen, da kam ein telefonischer Anruf für ihn. **6.** Ich hatte mich gerade entschlossen, zu dir zu kommen, da kamst du auch schon zur Tür herein.

T 171 *Bilden Sie mit dem jeweils ersten Satz einen Temporalsatz mit der Konjunktion „bevor"!*

1. Morgen fliege ich nach Berlin. Vorher muß ich noch meine Eltern benachrichtigen. 2. Wir fahren jetzt mit dem Auto los. Vorher müssen wir uns anschnallen. 3. Wir gehen jetzt aus dem Haus. Vorher müssen wir noch alle Fenster schließen und das Licht ausmachen. 4. Sie unterschreiben den Brief. Lesen Sie ihn vorher noch einmal genau durch! 5. Du gehst jetzt fort. Räume vorher noch dein Zimmer auf!

T 172 *Achten Sie auf die Zeitenfolge!* → R 131

wie T 171

1. Wir sind gestern ins Theater gegangen. Vorher waren wir noch zum Abendessen in einem Restaurant. 2. Wir sind weggegangen. Vorher hatten wir natürlich unsere Wohnung aufgeräumt. 3. Sie haben diese Übung gemacht. Hatten Sie sich vorher die Regeln noch einmal angesehen?

Bilden Sie mit dem jeweils ersten Satz einen Temporalsatz mit der Konjunktion „nachdem"! Zeitenfolge! → R 131

T 173 1. Wir schnallen uns an. Dann fahren wir erst los. 2. Die Gäste gehen. Dann räumen wir erst das Zimmer auf. 3. Ich schreibe den Brief fertig. Dann erst lese ich in dem Buch weiter. 4. Wir schließen die Fenster und machen in der Wohnung das Licht aus. Dann gehen wir. 5. Der Arzt untersucht mich gründlich. Dann verschreibt er mir erst eine Arznei.

T 174 1. Die Frau trennte sich von ihrem Mann und zog dann zu ihrer Freundin. 2. Der Mann hatte seine Frau verlassen. Nun reichte sie die Scheidung ein. 3. Wir gratulierten Harald zum Geburtstag. Dann gaben wir ihm unsere Geschenke. 4. Ich habe das Medikament eingenommen. Dann ging es mir wieder besser.

T 175 *Bilden Sie mit dem jeweils ersten Satz einen Temporalsatz mit der Konjunktion „während"!*

1. Wir saßen am Kaffeetisch. Meine Frau erzählte von unserer Urlaubsreise. 2. Ich unterhielt die Gäste, und meine Frau machte in der Küche das Essen. 3. Wir waren drei Wochen in Urlaub. Meine Schwiegermutter hat bei uns gewohnt und auf das Haus aufgepaßt.

Zur Kontrolle

T 169: 1. Wenn ... ist. 2. Wenn ... habe. 3. Wenn ... fahre. 4. Wenn ... ist. 5. Wenn ... wurde. 6. Wenn uns die Großeltern besucht haben. 7. Wenn ... habe. 8. Wenn ... hatte und ... hatte. 9. Wenn ... habe. 10. Wenn ... ist und ... muß. 11. Wenn ... ist. 12. Wenn ... vergißt.
Die Konjunktion *wenn* signalisiert, daß der im Gliedsatz beschriebene Sachverhalt zeitlich mit dem Sachverhalt im Mitteilungssatz zusammentrifft und als Zeitangabe (Temporalangabe) dient. Diese Temporalangabe (→ R 100) bezieht sich auf ein einmaliges oder wiederholtes Geschehen/Sein in der Gegenwart oder in der Zukunft und auch auf wiederholtes Geschehen/Sein in der Vergangenheit. Für einmaliges, bestimmtes Geschehen/Sein in der Vergangenheit vgl. die Konjunktion *als*. → R 79, R 127 und *Satzbaulineal* Seite 65
Die Stellung des Temporalsatzes ist vorzugsweise im Vorfeld. → R 109

T 170: 1. Als ... waren, (da) passierte ... 2. Als ... ankamen, (da) fuhr ... 3. Als ... hatte, (da) kamst ... 4. Als ... hingesetzt hatten, (da) begann ... 5. Als ... war, (da) kam ... 6. Als ... hatte, ... (da) kamst ...
→ R 79, R 129, R 131 und *Satzbaulineal* Seite 65
Der Temporalsatz mit *als* dient als Temporalangabe für einen bestimmten, einmaligen Sachverhalt in der Vergangenheit. Die Stellung des Temporalsatzes ist vorzugsweise im Vorfeld. → R 109

T 171: 1. Bevor ich morgen nach Berlin fliege, muß ich ... 2. Bevor wir jetzt ... losfahren, müssen ... 3. Bevor wir jetzt ... gehen, müssen ... 4. Lesen Sie den Brief ... durch, bevor Sie ihn unterschreiben! 5. Räume noch dein Zimmer auf, bevor du fortgehst!
Die Konjunktion *bevor* signalisiert, daß der im Gliedsatz beschriebene Sachverhalt in der zeitlichen Reihenfolge später liegt. → R 79, R 127 und *Satzbaulineal* Seite 65
Der Temporalsatz steht meistens im Vorfeld. → R 109. Bei Imperativ- und Fragesätzen steht der Temporalsatz im Nachfeld. → R 115

T 172: 1. Bevor wir ... sind, waren wir ... 2. Bevor wir ... sind, hatten wir ... 3. Hatten ... angesehen, bevor Sie ... haben?

T 173: 1. Wir fahren erst los, nachdem wir uns angeschnallt haben. 2. Wir räumen ... erst auf, nachdem ... gegangen sind. 3. Ich lese erst ... weiter, nachdem ich ... fertig geschrieben habe. 4. Wir gehen, nachdem wir ... geschlossen (haben) und ... das Licht ausgemacht haben. 5. Der Arzt verschreibt mir erst eine Arznei, nachdem er mich ... untersucht hat.

T 174: 1. Nachdem sich die Frau ... getrennt hatte, zog sie zu ihrer Freundin. 2. Nachdem der Mann seine Frau verlassen hatte, reichte sie die Scheidung ein. (Die Frau reichte die Scheidung ein, nachdem sie der Mann verlassen hatte.) 3. Nachdem wir Harald ... gratuliert hatten, gaben wir ... 4. Nachdem ich ... eingenommen hatte, ging es mir ...
Die Konjunktion *nachdem* signalisiert, daß der im Gliedsatz beschriebene Sachverhalt in der zeitlichen Reihenfolge früher liegt.
→ R 79, R 127 und *Satzbaulineal* Seite 65
Bei einzelnen Feststellungen steht der Temporalsatz mit *nachdem* meistens im Nachfeld (→ R 115), sonst vorzugsweise im Vorfeld (→ R 109), vor allem bei zusammenhängenden Schilderungen.

T 175: 1. Während wir ... saßen, erzählte meine Frau ... 2. Während ich ... unterhielt, machte meine Frau ... 3. Während wir ... waren, hat meine Schwiegermutter ... → R 79, R 127 und *Satzbaulineal* Seite 65
Die Konjunktion *während* signalisiert, daß der im Gliedsatz beschriebene Sachverhalt gleichzeitig abläuft. Der Temporalsatz steht meistens im Vorfeld. → R 109

T 176 *Bilden Sie Finalsätze mit der Konjunktion „damit"!*

Beispiel: Ich nehme Sie mit nach Hause. *Sie sollen meine Schwester kennenlernen.*
Ich nehme Sie mit nach Hause, *damit Sie meine Schwester kennenlernen.*

1. Machen Sie Urlaub! Sie sollen sich erholen. **2.** Ich helfe dir bei der Arbeit. Du sollst schnell fertig werden. **3.** Ich gehe jetzt heim. Meine Frau soll nicht so lange auf mich warten müssen. **4.** Mach das Fenster zu! Im Zimmer soll es nicht zu kalt werden. **5.** Redet nicht so laut! Die Kinder sollen nicht aufwachen. **6.** Ich rufe Peter an. Er soll wissen, daß ich heute später heimkomme. **7.** Zieht die Mäntel an! Ihr sollt euch nicht erkälten.

T 177 *Schließen Sie den jeweils zweiten Satz als Modalsatz mit der Konjunktion „indem" an!*

1. Ich habe den Apparat angestellt. Ich habe hier auf diesen Knopf gedrückt. **2.** Du bekommst dein Zimmer wärmer. Du drehst einfach die Heizung weiter auf. **3.** Sie können meinen Mann sofort erreichen. Sie rufen ihn einfach in seinem Büro an. **4.** Wir kommen mit unseren Nachbarn immer gut aus. Wir lassen sie in Ruhe. **5.** Sie können das Motorrad in Gang setzen. Sie betätigen einfach den Anlasser. **6.** Den Taschenrechner stellst du hier an. Du drückst einfach die Taste „on".

T 178 *Bilden Sie Adversativsätze mit der Konjunktion „während"!*

Beispiel: *Gestern regnete es.* Heute scheint die Sonne wieder.
Während es gestern regnete, scheint heute die Sonne wieder.

1. Du hast schon eine Arbeit gefunden. Ich bin noch auf der Suche. **2.** Ich spare mein Geld. Du gibst dein ganzes Geld aus. **3.** Im Herbst ist das Wetter hier meistens schön. Im Sommer dagegen regnet es oft. **4.** Ihr könnt jetzt in Urlaub fahren. Wir aber müssen hierbleiben und arbeiten. **5.** Mein Kollege spricht Englisch, Französisch und Russisch. Ich dagegen kann nur Deutsch. **6.** Unsere Wohnung kostet DM 680,– Miete monatlich. Ihr dagegen zahlt nur DM 500,–.

Zur Kontrolle

T 176: 1. ..., damit Sie sich erholen! 2. ..., damit du schnell fertig wirst. 3. ..., damit meine Frau nicht ... warten muß. 4. ..., damit es im Zimmer ... zu kalt wird. 5. ..., damit die Kinder nicht aufwachen. 6. ..., damit er weiß, daß ... 7. ..., damit ihr euch nicht erkältet.
Die Konjunktion *damit* signalisiert, daß der im Gliedsatz beschriebene Sachverhalt den Zweck einer Handlung darstellt. Vgl. auch *um ... zu:* T 192, T 193.

T 177: 1. ..., indem ich ... gedrückt habe. 2. ..., indem du einfach ... aufdrehst. 3. ..., indem Sie ihn ... anrufen. 4. ..., indem wir sie ... lassen. 5. ..., indem Sie einfach den Anlasser betätigen. 6. ..., indem du ...drückst.
→ R 79, R 115 und *Satzbaulineal* Seite 65
Die Konjunktion *indem* signalisiert, durch welches Mittel oder auf welche Weise der Sachverhalt im Mitteilungssatz erreicht werden kann. Der Modalsatz steht meist im Nachfeld. → R 115

T 178: 1. Während du ... gefunden hast, bin ich ... 2. Während ich ... spare, gibst du ... 3. Während im Herbst das Wetter ... ist, regnet es im Sommer (dagegen) oft. 4. Während ihr ... könnt, müssen wir ... 5. Während ... spricht, kann ich (dagegen) ... 6. Während ... kostet, zahlt ihr ...
→ R 79, R 115 und *Satzbaulineal* Seite 65

T 179 *Bilden Sie Konditionalsätze mit der Konjunktion „bevor" + Negation!*

Beispiel: *Ich helfe dir*, wenn du mir auch hilfst.
Bevor du mir **nicht** *hilfst*, helfe ich dir auch **nicht**.

1. Du darfst spielen gehen, wenn du dein Zimmer aufgeräumt hast. **2.** Wir können nach Hause, wenn die Arbeit fertig ist. **3.** Ich gehe, wenn ich alles weiß. **4.** Ich gebe Rolf das Geld, wenn er mich darum bittet. **5.** Rolf kann mir das Geld zurückgeben, wenn er sein Gehalt bekommen hat. **6.** Die Kinder dürfen fernsehen, wenn sie ihre Schulaufgaben gemacht haben.

T 180 *Bilden Sie mit der Konjunktion „bevor" Alternativsätze!*

Beispiel: *Ich nehme diese teure Wohnung* **nicht**. Ich bleibe lieber in meiner alten.
Bevor ich diese teure Wohnung nehme, bleibe ich lieber in meiner alten.

1. So einen langweiligen Krimi schaue ich mir nicht an. Ich gehe lieber ins Bett. **2.** So lange warte ich nicht auf den Bus. Ich gehe lieber zu Fuß. **3.** Ich mache mich mit dieser Arbeit nicht kaputt. Ich verdiene lieber etwas weniger Geld. **4.** Ich verrate niemandem etwas. Lieber beiße ich mir die Zunge ab. **5.** Wir fahren nicht mit Onkel Heinz mit. Lieber bleiben wir zu Hause. **6.** Wir rufen die Polizei nicht. Wir wollen unseren Streit lieber unter uns regeln.

T 181 *Wiederholen Sie T 180 mit der Konjunktion „als daß“!*

Beispiel: Ich bleibe lieber in meiner alten Wohnung, *als daß ich diese teure nehme.*

T 182 *Bilden Sie Kausalsätze mit der Konjunktion „da“ (oder „nachdem“)!*

Beispiel: *Das Wetter hat sich gebessert?* Dann können wir ja jetzt wegfahren. *Da (Nachdem) sich das Wetter gebessert hat*, können wir ja jetzt wegfahren.

1. Ihr seid mit meinem Plan einverstanden? Dann können wir ja gleich anfangen. **2.** Wir haben unsere Arbeit schon fertig? Dann können wir ja jetzt etwas anderes tun. **3.** Du hast dein Abitur gemacht? Dann kannst du ja jetzt an der Uni studieren. **4.** Wir gehen nicht auf die Party? Dann können wir uns ja den Fernsehkrimi ansehen. **5.** Sie haben von zu Hause Geld bekommen? Dann können Sie ja endlich Ihre Miete zahlen. **6.** Meine Frau hat für uns kein Essen vorbereitet? Dann müssen wir eben in ein Restaurant gehen.

Zur Kontrolle

T 179: 1. Bevor du nicht dein Zimmer aufgeräumt hast, darfst du nicht ... 2. Bevor die Arbeit nicht fertig ist, können wir nicht ... 3. Bevor ich nicht alles weiß, gehe ich nicht. 4. Bevor mich Rolf nicht um das Geld bittet, gebe ich es ihm nicht. 5. Bevor Rolf sein Gehalt nicht bekommen hat, kann er mir das Geld nicht zurückgeben. 6. Bevor die Kinder nicht ihre Schulaufgaben gemacht haben, dürfen sie nicht fernsehen.
→ R 79, R 115 und *Satzbaulineal* Seite 65
Der Konditionalsatz steht meist im Vorfeld. → R 109. Die Konjunktion *bevor* + Negation signalisiert, daß der Gliedsatz eine Bedingung (= *wenn nicht*) oder eine Voraussetzung enthält.

T 180: 1. Bevor ich mir so einen ... Krimi anschaue, gehe ich ... 2. Bevor ich so lange auf den Bus warte, gehe ich ... 3. Bevor ich mich mit dieser Arbeit kaputt machen, verdiene ich ... 4. Bevor ich jemandem etwas verrate, beiße ich mir lieber die Zunge ab. 5. Bevor wir mit Onkel Heinz mitfahren, bleiben wir lieber ... 6. Bevor wir die Polizei rufen, wollen wir ...
Die Konjunktion *bevor ..., ... lieber ...* drückt aus, daß auf eine von zwei wenig attraktiven Alternativen zugunsten der anderen verzichtet wird. → R 79, R 115 und *Satzbaulineal* Seite 65

T 181: 1. ..., als daß ich mir einen so ... Krimi anschaue. 2. ..., ..., als daß ich so lange auf den Bus warte. 3. ..., als daß ich mich mit dieser Arbeit kaputtmache. 4. ..., als daß ich jemandem etwas verrate. 5. ..., als daß wir mit Onkel Heinz mitfahren. 6. ..., als daß wir die Polizei rufen.
Der Gliedsatz mit *als daß* steht im Nachfeld des Satzes. → R 115

T 182: 1. Da ihr ... seid, können wir ja gleich anfangen. 2. Da wir ... fertig haben, können ... 3. Da du ... gemacht hast, kannst du ... 4. Da wir ... gehen, können wir ... 5. Da Sie ... bekommen haben, können Sie ... 6. Da meine Frau ... hat, ... müssen wir ...

→ R 79, R 115 und *Satzbaulineal* Seite 65
Die Konjunktion *da* (oder manchmal auch *nachdem*) leitet Kausalsätze ein, die einen bekannten Grund angeben: Da, *wie jedermann weiß/wie du weißt*, ... Diese Kausalsätze stehen vorzugsweise im Vorfeld eines Satzes. → R 109. Vgl. die Konjunktion *weil*, die einen unbekannten Grund signalisiert.

T 183 *Bilden Sie Konsekutivsätze mit „so ..., daß ...“!*

Beispiel: Der Film war langweilig. *Wir haben ihn nicht zu Ende gesehen.*
Der Film war *so* langweilig, *daß wir ihn nicht zu Ende gesehen haben.*

1. Die Reise ist teuer. Wir können sie uns nicht leisten. **2.** Auf den Straßen war viel Verkehr. Wir haben für die Fahrt länger gebraucht als sonst. **3.** Wir hatten viel zu tun. Wir mußten länger arbeiten. **4.** Der Kaffee war stark. Ich konnte gestern nicht einschlafen. **5.** Die Gegend war schön. Wir sind einen Tag länger geblieben. **6.** Der Autofahrer ist leichtsinnig gefahren. Der Unfall war nicht zu vermeiden. **7.** Die Kinder freuen sich auf die Ferien. Sie reden von nichts anderem mehr. **8.** Wir haben uns im Urlaub gut erholt. Die Arbeit macht jetzt wieder Spaß.

T 184 *Bilden Sie Proportionalsätze mit „je ..., desto/um so ...“!*

Beispiel: viel besitzen: „*Je mehr* ich besitze, *desto/um so besser* (ist es für mich)“, sagte ich immer.

1. Die Leute kaufen viel: „...“, sagt der Händler. **2.** Die Leute arbeiten viel: „...“, sagt der Arbeitgeber. **3.** Ich verdiene viel: „...“, sagt der Arbeitnehmer. **4.** Viele Gäste kommen: „...“, sagt der Hotelbesitzer. **5.** hohe Mieten: „...“, sagt der Hausbesitzer. **6.** billige Zimmer: „...“, sagt der Student. **7.** schneller Wagen: „...“, sagt der Rennfahrer. **8.** schönes Wetter: „...“, sagt der Reiseunternehmer. **9.** hohe Zinsen: „...“, sagt der Sparer. **10.** niedrige Zinsen: „...“, sagt der Kreditnehmer. **11.** hohe Berge: „...“, sagt der Alpinist. **12.** hübsche Mädchen: „...“, sagen die jungen Männer.

T 185 wie T 184

Beispiel: Wenn die Menschen *frei* sind, sind sie *glücklich.*
Je freier die Menschen sind, *desto/um so glücklicher* sind sie.

1. Wenn man *viel* arbeitet, ist man abends *müde.* **2.** Wenn du *viel* spazieren gehst, ist es für deine Gesundheit *gut.* **3.** Wenn es *viel* regnet, ist es für die Pflanzen *gut.* **4.** Wenn jemand *berühmt* ist, kann man *viel* über ihn in den Zeitungen lesen. **5.** Wenn ein Film *interessant* ist, vergeht die Zeit im Kino *schnell.* **6.** Wenn man *viel* ißt, wird man *dick.* **7.** Wenn Sie *lange* in

Deutschland sind, können Sie *gut* Deutsch sprechen. **8.** Wenn ich *viel* über eine Sache nachdenke, verstehe ich sie *gut*. **9.** Wenn du *viel* von einer Sache verstehst, ist das *gut* für dich. **10.** Wenn eine Ware *knapp* wird, wird sie *teuer.*

Zur Kontrolle

T 183: 1. ... ist so teuer, daß wir sie uns ... können. 2. ... war so viel Verkehr, daß wir ... gebraucht haben als sonst.[1] 3. ... so viel zu tun, daß wir ... mußten. 4. ... war so stark, daß ich ... konnte. 5. ... war so schön, daß wir ... sind. 6. ... ist so leichtsinnig gefahren, daß der Unfall ... war. 7. ... so auf die Ferien, daß sie ... reden. 8. ... so gut erholt, daß die Arbeit ... macht.
→ R 79, R 115 und *Satzbaulineal* Seite 65
Das Korrelat *so* weist auf den besonderen Grad hin, der zu der im Gliedsatz beschriebenen Folge führt.
[1] Vergleiche stehen in der Regel im Nachfeld eines Satzes. → R 115

T 184: 1. Je mehr die Leute kaufen, desto/um so besser. 2. Je mehr die Leute arbeiten, desto besser. 3. Je mehr ich verdiene, desto besser. 4. Je mehr Gäste kommen, desto besser. 5. Je höher die Mieten sind, desto besser. 6. Je billiger die Zimmer sind, desto besser. 7. Je schneller der Wagen ist, desto besser. 8. Je schöner das Wetter ist, desto besser. 9. Je höher die Zinsen sind, desto besser. 10. Je niedriger die Zinsen sind, desto besser. 11. Je höher die Berge sind, desto besser. 12. Je hübscher die Mädchen sind, desto besser.

T 185: 1. Je mehr man arbeitet, desto/um so müder ist man abends. 2. Je mehr du ... gehst, desto besser ist es für deine Gesundheit. 3. Je mehr es regnet, desto besser ist es für die Pflanzen. 4. Je berühmter jemand ist, desto mehr kann man über ihn in den Zeitungen lesen. 5. Je interessanter ein Film ist, desto schneller vergeht die Zeit im Kino. 6. Je mehr man ißt, desto dicker wird man. 7. Je länger Sie in Deutschland sind, desto besser können Sie Deutsch sprechen. 8. Je mehr ich über eine Sache nachdenke, desto besser verstehe ich sie. 9. Je mehr du von einer Sache verstehst, desto besser ist es für dich. 10. Je knapper eine Ware wird, desto teurer wird sie.
→ R 79 und *Satzbaulineal* Seite 65
je + Komparativ, *desto/um so* + Komparativ drücken aus, daß sich der Sachverhalt im Gliedsatz im gleichen Maße verändert wie der Sachverhalt im Mitteilungssatz (Proportionalsatz). Der Gliedsatz steht im Vorfeld. → R 109

Gliedsätze ohne einleitende Konjunktion

T 186 *Bilden Sie Konditionalsätze ohne Konjunktion!*

Beispiel: *Wenn/Falls du morgen nicht kommen kannst*, (dann) rufe mich bitte rechtzeitig an!
Kannst du morgen nicht kommen, (dann) rufe mich bitte rechtzeitig an!

1. Wenn Paul seine Miete nicht zahlt, muß er ausziehen. **2.** Falls ich im Juli immer noch keinen Urlaub bekomme, verlasse ich die Firma. **3.** Wenn ich kein Taxi finde, muß ich zu Fuß gehen. **4.** Falls mich Peter in seinem Wagen mitnimmt, bekomme ich meinen Zug noch. **5.** Wenn mein Vater in meinen Plan einwilligt, kann ich ihn sofort in Angriff nehmen. **6.** Falls morgen mein Geld kommt, kann ich Ihnen die Miete zahlen. **7.** Falls der Zug schon abgefahren ist, müssen wir hier übernachten. **8.** Wenn Paul seine Prüfung nicht besteht, kann er sie etwas später wiederholen. **9.** Wenn Sie das Medikament nicht regelmäßig nehmen, hat es keine Wirkung. **10.** Falls es morgen regnen sollte, bleiben wir zu Hause. **11.** Wenn du mich mit deinem Wagen abgeholt hättest, wäre ich nicht zu spät zum Zug gekommen. **12.** Wenn wir jetzt nicht hier wären, ginge es uns bestimmt besser.

Zur Kontrolle

T 186: 1. Zahlt ... nicht, ... 2. Bekomme ich ... keinen Urlaub, ... 3. Finde ich kein Taxi, ... 4. Nimmt mich ... mit, ... 5. Willigt ... ein, ... 6. Kommt ..., ... 7. Ist ... abgefahren, ... 8. Besteht ... nicht, ... 9. Nehmen Sie ... regelmäßig, ... 10. Sollte es ... regnen, ... 11. Hättest ... abgeholt, ... 12. Wären ... hier, ...
→ Satzform 1, Tabelle Seite 62
Konditionalsätze ohne Konjunktion behalten die normale Satzform mit dem einleitenden ersten Prädikatsteil (Personalform des Verbs) bei. Dieser Konditionalsatz ohne Konjunktion steht nur im Vorfeld. → R 109

Infinitivsätze

T 187 *Bilden Sie die Infinitivsätze mit folgenden Einleitungen:*

„Ich habe mir vorgenommen, ...“
„Ich habe mich entschlossen, ...“
„Ich habe dich gebeten, ...“
„Sie haben/Du hast mir versprochen, ...“

1. nicht mehr rauchen **2.** nicht mehr so viel essen **3.** mit dem Geld sparsamer umgehen **4.** keinen Alkohol mehr trinken **5.** nicht mehr so spät ins Bett gehen **6.** mehr Sport treiben **7.** mehr arbeiten **8.** sich mehr um die

Arbeit kümmern **9.** zu den Leuten freundlich sein **10.** sich nicht mehr über andere Leute ärgern **11.** pünktlich zur Arbeit/zum Unterricht kommen **12.** meinem Vater bei der Arbeit helfen

T 188 *Formen Sie die folgenden Sätze zu Infinitivsätzen um, und leiten Sie sie ein mit: „Ich bitte dich, ...“!*

1. Komm bitte heute abend! **2.** Glaube mir bitte! **3.** Schick mir bitte etwas Geld! **4.** Erzähl uns bitte etwas über eure Urlaubsreise! **5.** Unterschreibe bitte dieses Formular! **6.** Bring mir bitte von der Post ein paar Briefmarken mit!

Leiten Sie die Infinitivsätze ein mit: „Ich bin froh, ...“!

7. Gott sei Dank habe ich diese Wohnung gefunden. **8.** Gott sei Dank bin ich nicht mit dem Wagen gefahren. **9.** Gott sei Dank habe ich in München den Anschlußzug nach Köln nicht verpaßt. **10.** Gott sei Dank habe ich Peter rechtzeitig gewarnt. **11.** Gott sei Dank habe ich von dieser Sache nichts gewußt. **12.** Gott sei Dank bin ich schon gestern beim Arzt gewesen.

T 189 wie T 188 *Leiten Sie die Infinitivsätze ein mit: „Ich hoffe, ...“!*

1. Hoffentlich falle ich nicht durch die Prüfung. **2.** Hoffentlich werde ich bald gesund. **3.** Hoffentlich bekomme ich bald Geld. **4.** Hoffentlich sehe ich dich bald wieder. **5.** Hoffentlich komme ich auf der Autobahn in keinen Stau. **6.** Hoffentlich finde ich hier einen Parkplatz.

Leiten Sie die Infinitivsätze ein mit: „Ich versuche jedenfalls ...“!

Beispiel: Vielleicht treffe ich morgen meinen Freund.
Ich versuche jedenfalls, morgen meinen Freund zu treffen.

7. Vielleicht finde ich hier eine Arbeit. **8.** Vielleicht rufe ich dich heute abend von Paris aus an. **9.** Vielleicht studiere ich hier Chemie. **10.** Vielleicht finde ich in der Nähe der Uni ein Zimmer. **11.** Vielleicht löse ich heute den Scheck bei der Bank ein.

T 190 wie T 188 *Leiten Sie die Infinitivsätze ein mit: „Ich verspreche dir, ...“!*

1. Ich rufe dich heute abend bestimmt an. **2.** Ich bin bestimmt pünktlich bei dir. **3.** Ich schicke dir dein Geld bestimmt zurück. **4.** Ich schreibe dir bestimmt regelmäßig aus dem Urlaub. **5.** Ich hole dich bestimmt vom Bahnhof ab.

Wiederholen Sie die Sätze 1–5 mit der Anrede „Sie“! Einleitung: „Ich verspreche Ihnen, ...“: **6.**, **7.**, **8.**, **9.**, **10.**

Leiten Sie die folgenden Infinitivsätze ein mit: „Ich habe begonnen, ...“!

11. Ich studiere jetzt Medizin. **12.** Ich lerne jetzt Türkisch. **13.** Ich arbeite jetzt an meiner Diplomarbeit. **14.** Ich lese jetzt täglich deutsche Zeitungen. **15.** Ich führe jetzt ein Tagebuch und schreibe alle meine Erlebnisse nur noch auf Deutsch auf.

T 191 wie T 188 *Leiten Sie die Infinitivsätze ein mit: „Hier ist es nicht erlaubt/Es ist hier verboten, ...“!*

1. Hier darf man nicht rauchen. **2.** Hier darf man nicht parken. **3.** Hier darf man nicht fotografieren. **4.** Nachts darf man keinen Lärm machen. **5.** Im Wald darf man kein Feuer machen. **6.** Hier darf man nicht im Fluß schwimmen.

Leiten Sie die Infinitivsätze ein mit: „Es ist nicht leicht/Es ist schwer, ...“!

7. Man findet hier nur schwer ein Zimmer. **8.** An der Uni bekommt man nur schwer einen Studienplatz. **9.** Man findet nur schwer einen passenden Partner fürs Leben. **10.** Mit deinem Kollegen kann man nur schwer zusammenarbeiten. **11.** Einen deutschen Zeitungstext kann man nur schwer verstehen. **12.** Man kann nachts bei dem Straßenlärm nur schwer einschlafen.

Zur Kontrolle

T187: 1. ... nicht mehr zu rauchen. 2. ..., nicht mehr so viel zu essen. 3. ..., mit dem Geld sparsamer umzugehen. 4. ..., keinen Alkohol mehr zu trinken. 5. ..., nicht mehr so spät ins Bett zu gehen. 6. ..., mehr Sport zu treiben. 7. ..., mehr zu arbeiten. 8. ..., mich mehr um die Arbeit zu kümmern. 9. ..., zu den Leuten freundlich zu sein. 10. ..., mich (dich, sich) nicht mehr über andere Leute zu ärgern. 11. ..., pünktlich zur Arbeit/zum Unterricht zu kommen. 12. ..., meinem Vater bei der Arbeit zu helfen.
→ R 81. Infinitivsätze haben eine defektive (= unvollständige) Nebensatzform, weil in ihnen kein Subjekt ausgedrückt wird. Aus diesem Grund nimmt das Verb im Prädikat die Infinitivform (= „Neutralform“ des Verbs) an und nicht die Personalform. Die Präposition *zu* signalisiert, daß der Infinitiv Prädikat ist. → Satzformen: Tabelle Seite 62, Ziff. 4

T188: 1. ..., heute abend zu kommen. 2. ..., mir zu glauben. 3. ..., mir ... zu schicken. 4. ..., ... zu erzählen. 5. ..., ... zu unterschreiben. 6. ..., ... mitzubringen.[1] 7. ..., diese Wohnung gefunden zu haben. 8. ..., ... gefahren zu sein. 9. ..., ... nicht verpaßt zu haben. 10. ..., ... gewarnt zu haben. 11. ..., ... nichts gewußt zu haben. 12. ..., ... gewesen zu sein.

[1] Beim Zusammentreffen unfester Verbzusätze mit dem Prädikatssignal *zu* und dem Infinitiv werden diese graphisch verbunden.
Zum Ausdruck der Vergangenheit wird der Infinitiv von *haben/sein* + Partizip II verwendet.

Bei der Umformung werden die Modalglieder (→ R 102) nicht übernommen, weil deren Bedeutungen in den Einleitungssätzen zum Ausdruck kommen.

T 189: 1. ..., ... zu fallen. 2. ..., ... gesund zu werden. 3. ..., ... zu bekommen. 4. ..., ... wiederzusehen. 5. ..., ... zu kommen. 6. ..., ... zu finden. 7. ... zu finden. 8. ... anzurufen. 9. ... zu studieren. 10. ... zu finden. 11. ... einzulösen.
Bemerkung: Bei der Umformung ändert sich der Mitteilungsaspekt, jedoch nicht der Sachverhalt.

T 190: 1. ..., ... anzurufen. 2. ..., ... zu sein. 3. ..., ... zurückzuschicken. 4. ..., ... zu schreiben. 5. ..., ... abzuholen.
6. ..., Sie ... anzurufen. 7. ..., ... bei Ihnen zu sein. 8. ..., Ihnen Ihr Geld zurückzuschicken. 9. ..., Ihnen ... zu schreiben. 10. ..., Sie ... abzuholen.
11. ..., Medizin zu studieren. 12. ..., Türkisch zu lernen. 13. ..., ... zu arbeiten. 14. ..., ... zu lesen. 15. ..., ... zu führen und ... aufzuschreiben.
Die Modalglieder werden nicht in den Infinitivsatz übernommen.

T 191: 1. ... zu rauchen.[1] 2. ... zu parken. 3. ... zu fotografieren. 4. ..., nachts Lärm zu machen. 5. ..., im Wald Feuer zu machen. 6. ..., im Fluß zu schwimmen. 7. ..., hier ein Zimmer zu finden. 8. ..., an der Uni einen Studienplatz zu bekommen. 9. ..., ... zu finden. 10. ..., ... zusammenzuarbeiten. 11. ..., ... zu verstehen. 12. ..., ... einzuschlafen.

[1] Die Negation entfällt im Infinitivsatz, weil sie schon in der Einleitung zum Ausdruck kommt.

T 192 *Schließen Sie den zweiten Satz als Finalsatz an („um" + Infinitivsatz)!*

1. Ich arbeite. Ich will Geld verdienen. **2.** Ich brauche Geld. Ich will etwas kaufen können. **3.** Ich lerne. Ich will mich auf das Examen vorbereiten. **4.** Ich lese Zeitung. Ich will mich informieren. **5.** Ich treibe Sport. Ich will gesund und fit bleiben. **6.** Ich fahre in Urlaub. Ich will mich erholen. **7.** Ich schaue Fernsehen. Ich will mich unterhalten. **8.** Ich fahre in die Bundesrepublik Deutschland. Ich will Deutsch lernen. **9.** Ich lerne Deutsch. Ich will deutsche Zeitungen und Bücher lesen können. **10.** Ich will deutsche Zeitungen und Bücher lesen. Ich will mich besser über die Deutschen, über ihr Land und ihre Probleme informieren.

T 193 *Wiederholen Sie T 192 mit geändertem Subjekt: „Mein Bruder ..."!*

T 194 *Schließen Sie den zweiten Satz als Modalsatz an („ohne" + Infinitivsatz)!*

1. Peter kam ins Zimmer. Er grüßte aber nicht. **2.** Du bist aus der Klasse gegangen. Aber du hast nicht um Erlaubnis gefragt. **3.** Ich habe meinen Freund gekränkt. Aber ich habe das nicht gewollt. **4.** Du bist an mir vorbeigegangen. Aber du hast mich nicht gesehen. **5.** Du hast mein Fahrrad genommen und hast mich vorher nicht gefragt. **6.** Fritz ist in Urlaub gefahren. Er hat sich nicht von uns verabschiedet. **7.** Der Autofahrer fuhr durch den dichten Nebel. Er sah nichts. **8.** Ich habe die ganze Nacht durchgeschlafen. Von dem nächtlichen Unwetter habe ich nichts bemerkt.

Zur Kontrolle

T 192: 1. ..., um Geld zu verdienen. 2. ..., um etwas kaufen zu können. 3. ..., um ... vorzubereiten. 4. ..., um ... zu informieren. 5. ..., um ... zu bleiben. 6. ..., um ... zu erholen. 7. ..., um ... zu unterhalten. 8. ..., um ... zu lernen. 9. ..., um ... lesen zu können. 10. ..., um ... zu informieren.

T 193: 1. ..., um ... zu verdienen. 2. ..., um ... kaufen zu können. 3. um sich ... vorzubereiten. 4. ..., um sich ... zu informieren. 5. ..., um ... zu bleiben. 6. ..., um sich zu erholen. 7. ..., um sich zu unterhalten. 8. ..., um ... zu lernen. 9. ..., um ... lesen zu können. 10. ..., um sich ... zu informieren.
→ R 81: Finalsätze nennen das Ziel, den Zweck einer Handlung. Der Infinitivsatz wird gebraucht, wenn das Subjekt des Mitteilungssatzes auch Subjekt des Finalsatzes ist. Bei ungleichen Subjekten wird der Finalsatz mit der Konjunktion *damit* eingeleitet. Vgl. T 176.
Der Infinitivsatz steht im Nachfeld. → R 115

T 194: 1. ..., ohne zu grüßen. 2. ..., ohne um Erlaubnis zu fragen. 3. ..., ohne es zu wollen. 4. ..., ohne mich zu sehen. 5. ..., ohne mich vorher zu fragen. 6. ..., ohne sich von uns zu verabschieden. 7. ..., ohne etwas zu sehen. 8. ..., ohne etwas ... zu bemerken.
→ R 81: Der Modalsatz nennt den fehlenden, ausgebliebenen Begleitumstand, den man eigentlich erwartet hätte. Der Infinitivsatz wird gebraucht, wenn das Subjekt des Mitteilungssatzes auch Subjekt des Modalsatzes ist. Bei ungleichen Subjekten wird der Modalsatz mit *ohne daß* eingeleitet. Vgl. T 166.
Bemerkung: Bei der Umformung entfällt die Negation im Modalsatz, weil das einleitende *ohne* bereits den negativen Sinn ausdrückt.

Funktionszeichen

Nominativ

T 195 *Setzen Sie die Nominativformen ein!*

1. *jed-:* ... Bürger ist ab 18 Jahren wahlberechtigt. **2.** *welch-:* ... Taxi ist noch frei? **3.** *dies-:* ... Zug hält nicht in Koblenz. **4.** Ist Karl schon zu Hause? – Ja, ... ist gerade gekommen. **5.** *manch-:* ... Leute haben wirklich merkwürdige Ansichten. **6.** *groß:* Morgen findet hier ein ... Konzert statt. ... wird von einem berühmten Dirigenten geleitet. **7.** *jung:* Vor der Tür steht ein ... Mann. *d-:* Was ... wohl will? – ... verkauft Zeitschriften. **8.** *gut:* Dr. Schmidt soll ein ... Arzt sein. ... ist dafür in der ganzen Stadt bekannt. **9.** *was/das/neu:* ... ist ...? – ... ist mein ... Motorrad. **10.** *welch-:* ... von diesen Autos ist deins? **11.** *dies-:* Ist ... Roman spannend geschrieben? **12.** *mein:* ... Tochter kommt jetzt in die Schule. **13.** *alt:* Wessen ... Fahrrad steht da vor unserer Tür? – *das/mein:* ... ist ... . **14.** *kein:* Kommt denn heute ... zum Unterricht? **15.** *einig-:* ... Schüler sind schon da. **16.** *irgendein-:* Heute nachmittag hat ... angerufen. Ich weiß aber nicht, ... (es war). **17.** *manch-:* Im städtischen Museum hängt ... kostbare Gemälde. **18.** *gut:* Bist du wirklich ein solch ... Schüler, wie die Leute erzählen?

T 196 *Setzen Sie die Relativpronomen ein!*

1. Ist das nicht der Herr, ... mich gestern sprechen wollte? **2.** Dort liegen die Briefe, ... heute mit der Post gekommen sind. **3.** Eine Wochenzeitung ist eine Zeitung, ... nur einmal wöchentlich erscheint. **4.** Wie nennt man den Bahnbeamten, ... im Zug mitfährt, die Fahrkarten kontrolliert und den Reisenden Auskunft gibt? **5.** Taschengeld ist das Geld, ... Kinder regelmäßig bekommen, um ihre persönlichen Wünsche erfüllen zu können. **6.** Wie nennt man den Teil des Gehalts, ... vom Arbeitgeber für das Finanzamt und für die Sozialversicherung einbehalten wird? **7.** Sonderangebote sind außergewöhnliche Warenangebote einer Firma, ... besonders preisgünstig sind. **8.** Landsleute sind Personen, ... aus dem gleichen Land stammen. **9.** ... jetzt nach Hause gehen will, der kann gehen. **10.** ... mir hilft, dem helfe ich auch.

Zur Kontrolle

T 195: 1. Jeder 2. Welches 3. Dieser 4. er 5. Manche 6. großes. Es 7. junger – der – Er 8. guter. Er 9. Was ... das – Das ... neues 10. Welches 11. dieser 12. Meine 13. altes – Das ... meins. 14. keiner 15. Einige 16. irgendeiner, wer 17. manches 18. guter
→ R 66, R 68: Der Nominativ ist das Kennzeichen für folgende Funktionen im Satz: Subjekt → R 92, Prädikatsnominativ (En) → R 89 und Prädikatssubjekt (Es) → R 90.

T 196: 1. der 2. die 3. die 4. der 5. das 6. der 7. die 8. die 9. Wer 10. Wer
→ R 44, R 45

Akkusativ

T 197 *Setzen Sie die Akkusativformen ein!*

1. *der:* Kennst du ... Jungen da auf dem Spielplatz? 2. *der/er:* Nein, ... kenne ich nicht, aber gesehen habe ich ... schon einmal. 3. *welch-/dies-:* ... Zimmer möchten Sie haben? – Ich nehme ... hier. 4. *ein:* Ich möchte ... Kugelschreiber, der nicht so teuer ist. 5. *schwarz:* Tun Sie ein bißchen ... Pfeffer in die Suppe! 6. *etlich-:* Wir haben neulich ... Bekannte auf dem Sportplatz getroffen. 7. *manch-:* Ich habe schon ... erlebt, aber so etwas noch nicht. 8. *der:* Zerbrich du dir nicht darüber ... Kopf, was aus uns werden soll. 9. *es:* Wer ist das Mädchen? Ich kenne ... nicht. 10. *die:* Die Polizei konnte ... Geisel schnell aus der Hand der Geiselnehmer befreien. 11. *ich/ein:* Ist das nicht eine Frechheit, ... Dummkopf zu nennen? 12. *der/das:* Soll ich ... Kellner schon ... Essen bringen lassen? 13. *mein:* Ich habe gestern ... Schirm im Restaurant stehen lassen. 14. *der/der/er:* Hast du ... Gärtner ... Rasen mähen hören? – Nein, ich habe ... nicht gehört. 15. *jed-:* Ich muß ... Tag um 8 Uhr im Büro sein. 16. *ein:* Die Steinplatte ist ... Meter lang und ... halben Meter breit. 17. *die:* Wir gehen zweimal ... Woche in die Sauna. 18. *ein:* Wir sind schon ... Kilometer gelaufen.

T 198 *Setzen Sie die Akkusativformen ein!*

1. *das/die:* Geh mal an... Fenster und schau auf ... Straße! 2. *du:* Ist dieser Brief für ...? 3. *ich/das:* Ihr müßt heute schon ohne ... in... Kino gehen. 4. *der:* Dieser Weg führt durch ... Stadtpark. 5. *der:* Fahren Sie den Wagen auf ... Hof! 6. *die/das:* Gehen Sie ... Straße entlang, dann kommen Sie direkt an... Flußufer. 7. *das:* Ich habe die Gartengeräte hinter... Haus gestellt. 8. *die:* Das Lokal ist gleich um ... Ecke.

T 199 *Setzen Sie die Relativpronomen ein!*

1. Das ist doch der Mann, ... wir neulich in der Kneipe gesehen haben. 2. Ist das nicht das Buch, ... du lesen wolltest? 3. Hier ist die Firma, für ... ich jahrelang als Vertreter gearbeitet habe. 4. ... man einmal versprochen hat, muß man auch halten. 5. Ich möchte dir etwas schenken, ... dir Freude bereitet. 6. Ist das alles, ... du dir wünschst? 7. ... ich nicht kenne, den grüße ich auch nicht. 8. Hier ist jemand, ... du schon immer einmal kennenlernen wolltest.

Zur Kontrolle

T 197: 1. den 2. den / ihn 3. welches / dieses 4. einen 5. schwarzen 6. etliche 7. manches 8. den 9. es 10. die 11. mich / einen 12. den / das 13. meinen 14. den / den / ihn 15. jeden 16. einen / einen 17. die 18. einen

T 198: 1. ans / die 2. dich 3. mich / ins 4. den 5. den 6. die / ans 7. hinters (hinter das) 8. die

T 199: 1. den 2. das 3. die 4. Was 5. was 6. was 7. Wen 8. den
→ R 66, R 68: Der Akkusativ ist das Kennzeichen für folgende Funktionen im Satz: Objekt → R 96, Prädikatsakkusativ → R 90, Prädikatsobjekt → R 90, Temporal- und Maßangaben. Vgl. T 197, Satz 15–18.
Der Akkusativ nach Präpositionen → R 71, R 73
Bemerkung: Eine Akkusativform gibt es nur im Singular maskulin. In allen anderen Fällen ist der „Akkusativ" mit dem Nominativ formal identisch.

Dativ

T200 *Setzen Sie die Dativformen ein!*

1. *die* (Plural): Die Museumsbesucher folgten aufmerksam ... Erklärungen des Führers. **2.** *dies-:* Ich habe ... Mann von Anfang an mißtraut. **3.** *ich:* Traust du ... nicht? **4.** *ihre* (Plural): Die Eltern winkten ... abreisenden Kindern nach. **5.** *ich:* ... fehlt das nötige Geld für eine Urlaubsreise. **6.** *dies-:* ... Schreiben liegt eine Preisliste bei. **7.** *wir:* Die Firma hat ... zum nächsten Ersten gekündigt. **8.** *du:* Ich habe ... aus dem Urlaub eine Karte geschrieben. **9.** *jed-:* Der junge Mann läuft ... Mädchen nach. **10.** *wir:* ... wurde von der Sache nichts erzählt. **11.** *all-:* Das Arbeitsamt kann nicht ... Stellungssuchenden eine neue Arbeitsstelle vermitteln. **12.** *wir:* Warum glaubt ihr ... nicht? **13.** *du/er:* Hat ... Karl von seinem Unfall erzählt, der ... neulich passiert ist? **14.** *wer/der:* ... haben Sie den Brief übergeben? ... Hausmeister? **15.** *ich:* Seid ... ja vorsichtig bei der Bergtour! Daß ihr ... nicht abstürzt! **16.** *die* (Plural): Der Hotelportier öffnete ... ankommenden Gästen eilfertig die Wagentür.

T201 *Setzen Sie die Dativformen ein!*

1. *das:* Das Gemälde stammt aus ... Mittelalter. **2.** *der:* Frau Krause ist bei... Zahnarzt. **3.** *wir:* Krauses wohnen ... gegenüber. **4.** *die:* Wie lange wart ihr in ... Schweiz? **5.** *die:* Treten Sie bitte ... Reihe nach ein! **6.** *mein:* Nach ... Ansicht steigen die Benzinpreise weiter. **7.** *ein:* Ich arbeite schon seit ... Monat hier. **8.** *die* (Plural): Unter ... Gastarbeitern sind die Türken am stärksten vertreten. **9.** *die:* Wir wohnen direkt gegenüber ... Post. **10.** *der:* Wie lange wart ihr in... Museum?

T202 *Setzen Sie die Relativpronomen ein!*

1. Da kommt der Bus, mit ... ihr zum Bahnhof fahren müßt. **2.** Wie heißt noch die Straße, in ... das Hotel „Goldener Löwe" ist? **3.** Klassenkameraden sind Schüler, mit ... man in die gleiche Schulklasse geht oder gegangen ist. **4.** Ich weiß niemanden, ... ich dieses Buch schenken könnte. **5.** Wie hießen die Leute, ... wir auf der Party begegnet sind?

Zur Kontrolle

T200: 1. den 2. diesem 3. mir 4. ihren 5. Mir 6. Diesem 7. uns 8. dir 9. jedem 10. Uns 11. allen 12. uns 13. dir/ihm 14. Wem/Dem 15. mir/mir 16. den

T201: 1. dem 2. beim 3. uns 4. der 5. der 6. meiner 7. einem 8. den 9. der 10. im

T202: 1. dem 2. der 3. denen 4. dem 5. denen
Der Dativ ist das Kennzeichen für folgende Funktionen im Satz: Objekt → R 96, und Personenangaben → R 101.
Der Dativ nach oder vor Präpositionen → R 72, R 73

T203 *Schließen Sie das zweite Nomen als Genitivattribut an!*

1. die Ankunft / die Gäste **2.** die Glückwünsche / meine Freunde **3.** das Zimmer / mein Vater **4.** der Kurs / der Dollar **5.** die Adresse / dein Freund **6.** die Hauptstadt / die Bundesrepublik **7.** die Einladung / meine Kollegin **8.** der Erfolg / meine Arbeit **9.** der Besuch / meine Tante **10.** der Vater / mein Kollege **11.** die Mutter / das Mädchen **12.** das Angebot / die Kaufhäuser

T204 *Setzen Sie die Genitivattribute ein!*

1. *meine Eltern:* Ich freue mich auf den Besuch. **2.** *mein Kollege:* Ich war gestern in der neuen Wohnung. **3.** *Ihr Vater:* Wie ist die Adresse? **4.** *deine Tochter:* Wann ist der Geburtstag? **5.** *unsere Stadt:* Wie gefällt dir die Umgebung? **6.** *meine Kollegin:* Wie findest du die neue Frisur? **7.** *die letzten Jahre:* Ich lese gerade etwas über die Mode. **8.** *der Dollar:* Können Sie mir den heutigen Kurs sagen? **9.** *meine Firma:* Darf ich Ihnen die Anschrift geben? **10.** *dieser Junge:* Wer ist der Vater?

T205 *Setzen Sie hinter den Präpositionen den Genitiv ein!*

1. *die Ferien:* Wo wart ihr während ...? **2.** *der Unterricht:* Rauchen Sie bitte nicht während ...! **3.** *mein Studium:* Während ... habe ich in Erding gewohnt. **4.** *das knappe Zimmerangebot:* Ich mußte wegen ... dort ein Zimmer nehmen. **5.** *der weite Weg zur Universität:* Ich war aber trotz ... sehr zufrieden. **6.** *die Fahrt in die Stadt:* Leider konnte ich während ... nichts lesen oder lernen.

T206 *Formen Sie die Präpositionalattribute zu Genitivattributen um!*

1. Ist das der Freund von Angelika? **2.** Ist das die Wohnung von Frau Müller? **3.** Das ist doch das Auto von Herrn Berg. **4.** Wo wohnen die Eltern von Helga? **5.** Sind Sie der Schwager von Paul? **6.** Wie heißt eigentlich der Bruder von Erika? **7.** Das hier ist der Rasierapparat von Vater und nicht deiner. **8.** Morgen ist der Geburtstag von Tante Frieda. **9.** Das hier ist der neue Skianzug von Mutter. **10.** Ich habe den neuen Kollegen von Vater kennengelernt. **11.** Ist Inge die Freundin von Fritz? **12.** Nein, das ist die Freundin von Klaus. **13.** Ist das nicht das neue Radio von Petra? **14.** Ich bin mit dem neuen Segelboot von Udo mitgefahren. **15.** Wir wohnen in der alten Wohnung von Frau Müller. **16.** Das ist doch der neue Freund von Ingrid.

T207 *Fragen Sie nach den Genitivattributen!*

1. Das ist das Arbeitszimmer meines Vaters. **2.** Ich fahre mit dem Wagen meines Bruders. **3.** Hier liegt der Taschenrechner Ihres Kollegen. **4.** Ich darf den Fotoapparat meiner Schwester nehmen. **5.** Das ist das Auto meiner Schwägerin. **6.** Dort hängt der neue Mantel deines Bruders. **7.** Die neue Wohnung deiner Schwester gefällt mir sehr. **8.** Kennen Sie den jüngsten Sohn unseres Vermieters? **9.** Peter ist mit dem alten Motorrad seines Onkels gefahren. **10.** Da liegt Helgas Fotoapparat.

T208 *Setzen Sie die Genitivformen der Relativpronomen ein!*

1. Ist das nicht euer Nachbar, ... Frau neulich gestorben ist? **2.** Morgen treffen wir die Frau, ... Sohn in München studiert. **3.** Sind das nicht die Leute, ... Kinder vor unserem Haus gespielt haben? **4.** Warst du bei dem Jungen, mit ... Vater wir gestern gesprochen haben? **5.** Wie heißt noch der Schriftsteller, ... neuer Roman in der Zeitung besprochen wurde?

Zur Kontrolle

T 203: 1. der Gäste 2. meiner Freunde 3. meines Vaters 4. des Dollars 5. deines Freundes 6. der Bundesrepublik 7. meiner Kollegin 8. meiner Arbeit 9. meiner Tante 10. meines Kollegen[1] 11. des Mädchens 12. der Kaufhäuser
→ R 66, R 36, R 37; [1]→ R 33

T 204: 1. ... auf den Besuch meiner Eltern 2. ... in der neuen Wohnung meines Kollegen 3. ... die Adresse Ihres Vaters 4. ... der Geburtstag deiner Tochter 5. ... die Umgebung unserer Stadt 6. ... die neue Frisur meiner Kollegin 7. ... über die Mode der letzten Jahre 8. ... den heutigen Kurs des Dollars ... 9. ... die Anschrift meiner Firma ... 10. ... der Vater dieses Jungen

T 205: 1. der Ferien 2. des Unterrichts 3. meines Studiums 4. des knappen[2] Zimmerangebots 5. des weiten[2] Wegs zur Universität 6. der Fahrt in die Stadt
→ R 74; [2]→ R 52

T 206: 1. Ist das Angelikas Freund? 2. Ist das Frau Müllers Wohnung? 3. Das ist doch Herrn Bergs Auto. 4. Wo wohnen Helgas Eltern? 5. Sind Sie Pauls Schwager? 6. ... Erikas Bruder 7. ... Vaters[3] Rasierapparat ... 8. ... Tante Friedas Geburtstag 9. ... Mutters neuer[4] Skianzug 10. ... Vaters neuen Kollegen ... 11. Fritzens[5] Freundin 12. ... Klausens Freundin 13. ... Petras neues[4] Radio 14. ... mit Udos neuem[4] Segelboot ... 15. ... in Frau Müllers alter[4] Wohnung 16. ... Ingrids neuer[4] Freund
→ R 105
Eigennamen von Personen, Ländern und Städten stehen als Genitivattribute häufig vor dem Nomen, zu dem das Genitivattribut gehört. Wenn vor dem Nomen ein Genitivattribut steht, entfällt der Artikel (*die* Hauptstadt Spaniens – Spaniens Hauptstadt).

[3] Wenn die Verwandtschaftsbezeichnungen *Vater, Mutter* innerhalb der eigenen Familie für die Namen stehen, bilden sie wie die Eigennamen den Genitiv mit *-s*. Wenn man mit Personen spricht, die nicht zur Familie gehören, sagt man z. B. das Büro *meines* Vaters, die Kollegin *meiner* Mutter.

[4] Da beim vorangestellten Genitivattribut der Artikel entfällt, tritt das Funktionszeichen an das attributive Adjektiv, falls vorhanden. → R 52, R 66

[5] Die Namen auf *-s*, *-ß* oder *-z* bilden den Genitiv mit der erweiterten Endung *-ens: Fritzens Freundin.*

T 207: 1. Wessen Arbeitszimmer ist das? 2. Mit wessen Wagen fahren Sie? 3. Wessen Taschenrechner liegt hier? 4. Wessen Fotoapparat darfst du/dürfen Sie nehmen? 5. Wessen Auto ist das? 6. Wessen neuer Mantel hängt dort? 7. Wessen neue Wohnung gefällt dir sehr? 8. Wessen jüngsten Sohn kenne ich/kennen wir? 9. Mit wessen altem Motorrad ist Peter gefahren? 10. Wessen Fotoapparat liegt da?
→ R 40

T 208: 1. dessen 2. deren 3. deren 4. dessen 5. dessen
→ R 44

Der Genitiv ist das Kennzeichen für folgende Funktionen im Satz: Objekt (in seltenen Fällen: Ich erinnere mich dieses Vorfalls.). → R 107 und Attribut → R 105. Der Genitiv nach Präpositionen → R 74.

Präpositionen

Ergänzen Sie die Präpositionen und die Endungen!

T209 1. Lothar hat ... mein_ Brief noch nicht geantwortet. 2. Die alte Frau will das Sozialamt ... Unterstützung bitten. 3. Wer kann schon ... d_ Fortschritt der Menschheit glauben? 4. Wir müssen ständig ... unser_ Rechte kämpfen. 5. Niemand kann ... sein_ Grundrechte verzichten. 6. Wann wird ... d_ Bau der neuen Straße begonnen? 7. Hast du schon ... d_ gestrigen Unfall gehört? 8. Die Firmen werben ständig ... neu_ Kunden. 9. Die jungen Rowdies sind ... ein_ alt_ Mann hergefallen. 10. Ich beneide dich ... dein schön_ neu_ Haus. 11. Darf ich Sie ... Ihr Versprechen erinnern, das Sie mir gegeben haben? 12. ... Taschendieben wird gewarnt.

T210 1. Die Kinder liegen immer noch ... Bett. 2. Wie heißen Sie? Ich komme im Augenblick nicht ... Ihr_ Namen. 3. Warum hast du nicht ... mein_ Rat gehört? 4. Wie viele Personen sind bei dem Unglück ... Leben gekommen? 5. Herr Meier ist in seiner Firma inzwischen ... Abteilungsleiter aufgerückt. 6. Der Chef ist nicht ... mein_ Vorschlag eingegangen. 7. Ich falle nicht mehr ... dein_ Versprechungen herein. 8. Eben ist ein Auto ... d_ Ecke gebogen. 9. Die Probleme des Umweltschutzes sind bei den Besprechungen nicht ... Sprache gekommen. 10. Diese Tür geht ... Hof. 11. Der Autofahrer hat seine Fahrlässigkeit ... sein_ Leben bezahlt. 12. Heute nacht sind mir einige Probleme ... d_ Kopf gegangen.

T211 **temporal**: 1. Das Flugzeug aus Paris ist pünktlich ... 18.45 Uhr in München-Riem gelandet. 2. Das Museum ist ... nächsten Montag wieder geöffnet. 3. Die Party dauerte ... ... die späte Nacht. 4. ... d_ Pause darf geraucht werden. 5. Wir müssen ... ... Einbruch der Dunkelheit wieder zu Hause sein. 6. ... Laufe der Jahre haben wir sehr gut Deutsch gelernt. 7. ... Winter wird hier viel Ski gelaufen. 8. ... lang_ zäh_ Verhandlungen ist der Vertrag endlich doch noch zustande gekommen. 9. Wir hatten ... d_ Urlaub immer schönes Wetter. 10. ... d_ Großfeuer wurden ... d_ vergangen_ Nacht mehrere Personen verletzt.
lokal: 11. Wir fühlen uns ... unser_ neu_ Wohnung sehr wohl. 12. Der Zug aus Berlin fährt ... Gleis 3 ein. 13. ... d_ schneeglatt_ Straße kamen einige Autofahrer ins Schleudern. 14. ... wo ... fahren die Schiffe nach Helgoland?
modal: 15. Das Motorboot fuhr ... voll_ Kraft gegen den starken Seegang an. 16. Der Bus kam ... ein_ halb_ Stunde Verspätung hier an. 17. Un-

ser Plan konnte ... all_ Schwierigkeiten realisiert werden. **18.** Die Diebe sind ... d_ Fenster ins Haus eingestiegen. **19.** Ich lasse das Geld ... d_ Bank an Sie überweisen.
kausal: 20. Ich konnte ... d_ stark_ Nebels auf der Autobahn nur sehr langsam fahren. **21.** Der Gast überreichte der Gastgeberin ... Begrüßung einen Strauß Rosen. **22.** Das Geschäft ist ... Erkrankung des Inhabers vorübergehend geschlossen. **23.** Das Auto geriet ... zu hoh_ Geschwindigkeit in der Kurve von der Straße ab. **24.** Die letzte Ernte konnte ... d_ stark_ und anhaltend_ Regenfälle im Sommer erst spät eingebracht werden.

T212 **1.** Der Pförtner ... Fabriktor läßt keine Unbefugten aufs Fabrikgelände. **2.** Diese Insel da ... See ist aber romantisch. **3.** Mein Junge hat kein Interesse ... modern_ Musik. **4.** Die Grippeepedemie ... unser_ Gegend klingt langsam ab. **5.** Die Mannschaft war sich ihres Sieges ... d_ Gegner sehr sicher. **6.** Wir haben bald den Glauben ... ein_ besser_ Zukunft verloren. **7.** Ist die Entscheidung ... dies_ schwierigen Frage schon gefallen? **8.** Der Kursteilnehmer erhielt wegen dauernden Fernbleibens ... Unterricht kein Zeugnis. **9.** Wir müssen unser Mißtrauen ... politischen Entscheidungen immer wachhalten. **10.** Ihr könnt mir eure Zustimmung ... mein_ Vorschlag nicht verweigern. **11.** Der Widerstand des Volkes ... d_ Unterdrückung nahm ständig zu. **12.** Die Verzögerung des Abflugs der Maschine ... ein_ Motorenschadens betrug zwei Stunden. **13.** Die ständige Verschmutzung der Gewässer ... d_ Industrieabwässer muß unterbunden werden. **14.** Wir freuen uns auf ein Wiedersehen ... unser_ alt_ Schulfreunden. **15.** Nach der Einigung ... d_ noch strittig_ Fragen wurde der Vertrag unterschrieben.

T213 *Setzen Sie die Präpositionen und die Relativpronomen ein!*

1. Da kommt das Taxi, ... wir zum Flughafen fahren wollen. **2.** Wie heißt die Straße, ... das Hotel „Zum Löwen" ist? **3.** Hier gebe ich dir das Buch, ... du mich gestern gebeten hast. **4.** Das ist die Mannschaft, ... wir letzten Sonntag gespielt haben. **5.** Ich habe heute Ihren Brief erhalten, ... ich Ihnen sehr herzlich danke. **6.** Frau Möller hat gestern die Kur begonnen, ... ihr ihr Arzt geraten hatte. **7.** Hier herrscht ein Wetter, ... ich mich überhaupt nicht gewöhnen kann. **8.** Morgen trete ich meinen Urlaub an, ... ich mich schon lange gefreut habe.

Zur Kontrolle

T209: 1. auf meinen 2. um 3. an den 4. um unsere 5. auf seine 6. mit dem 7. von dem 8. um neue 9. über einen alten 10. um dein schönes neues 11. an 12. Vor

T210: 1. im 2. auf Ihren 3. auf meinen 4. ums 5. zum 6. auf meinen 7. auf deine 8. um die 9. zur 10. auf den / zum 11. mit seinem 12. durch den

T211: 1. um 2. ab 3. bis in 4. Während der / In der 5. bis zum 6. Im 7. Im 8. Nach langen zähen 9. während des Urlaubs / im 10. Bei dem / in der vergangenen 11. in unserer neuen 12. auf 13. Auf der schneeglatten 14. Von wo aus 15. mit voller 16. mit einer halben 17. trotz aller 18. durch das/durchs 19. durch die 20. wegen des starken Nebels 21. zur 22. wegen 23. wegen zu hoher 24. wegen der starken und anhaltenden

T212: 1. am 2. im 3. an moderner 4. in unserer 5. über den 6. an eine bessere 7. in dieser 8. vom 9. gegenüber 10. zu meinem 11. gegen die 12. wegen eines 13. durch die 14. mit unseren alten 15. über die / in den noch strittigen Fragen → R 70, R 74, Präpositionen sind Signale für Inhalte und lose Kennzeichen für folgende Funktionen im Satz: Objekt → R 96, Prädikatsergänzungen → R 86, R 88, für Angaben → R 100 und für nachgestellte Attribute → R 105.

T213: 1. mit dem 2. in der 3. um das 4. gegen die / mit der 5. für den 6. zu der 7. an das 8. auf den

Das Pronominaladverb

T214 *Antworten Sie auf die Fragen mit dem Pronominaladverb!*

1. Freuen Sie sich immer über Geschenke? **2.** Freuen Sie sich auf Ihre Urlaubsreise? **3.** Hören Sie immer auf den Rat Ihrer Eltern? **4.** Fürchten Sie sich vor Prüfungen? **5.** Reden Sie viel über Politik? **6.** Glauben Sie an eine bessere Zukunft? **7.** Denken Sie oft über Ihre Probleme nach? **8.** Ärgern Sie sich über kritische Zeitungsartikel? **9.** Regen Sie sich oft über Politik auf? **10.** Interessieren Sie sich für Sport? **11.** Bereiten Sie sich auf den Unterricht vor?

T215 *Antworten Sie auf die Fragen mit dem Pronominaladverb!*

1. Sind Sie mit Ihrem neuen Wagen zufrieden? – Ja, ... sehr ... . **2.** Sprechen auch deine Kinder fast den ganzen Tag über die Fußballweltmeisterschaft? – Ja, ... Sie haben nichts anderes mehr im Kopf. **3.** Machst du dir keine Sorgen um die Zukunft? – Nein, ... **4.** Habt ihr euch jetzt zum Kauf eines Hauses entschlossen? – Ja, ... endlich ... **5.** Hat Frau Möller schon auf den Brief von ihrer Schwiegertochter geantwortet? – Nein, ... noch nicht ... **6.** Haben Sie meinen letzten Brief bekommen? – Ja, und ich danke Ihnen sehr ...

T216 *Stellen Sie Rückfragen!*

Beispiel: *das schöne Wetter:* Ich freue mich über ..(?).. .
Worüber freust du dich? – Über das schöne Wetter.

1. *Fußball:* Ich unterhalte mich gern über ..(?).. . **2.** *das Examen:* Ich fürchte mich vor ..(?).. . **3.** *die Prüfung:* Wir bereiten uns auf ..(?).. vor. **4.** *die Hotelrechnung:* Ich sollte dich an ..(?).. erinnern. **5.** *der Preis des Zimmers:* Ich wollte mich nach ..(?).. erkundigen. **6.** *die Schwierigkeiten, hier eine Wohnung zu finden:* Herbert hat von ..(?).. gesprochen.

T217 *Setzen Sie das Adverb „wo(r)-?" ein!*

1. ... kannst du dich besonders freuen, über schöne Blumen? **2.** ... freuen Sie sich, auf Ihren Urlaub? **3.** ... hören Sie vielleicht auf den Rat von Freunden? **4.** ... fürchtest du dich, vor der Prüfung? **5.** ... glaubt ihr, an eine bessere Zukunft? **6.** ... ärgern Sie sich, auch über diesen dummen Zeitungsartikel? **7.** ... interessiert ihr euch, für fremde Länder?

Zur Kontrolle

T 214: 1. ... darüber. 2. ... darauf. 3. ... darauf. 4. ... davor. 5. ... darüber. 6. ... (nicht) daran. 7. ... darüber ... . 8. ... darüber. 9. ... darüber ... . 10. ... dafür. 11. ... darauf ... .

→ R 65; Stellplatz (11) → R 108

T 215: 1. ... damit sehr zufrieden. 2. ... darüber. 3. ... darum keine Sorgen. 4. ... endlich dazu entschlossen. 5. ... darauf geantwortet. 6. ... dafür.

T 216: 1. Worüber unterhältst du dich gern? 2. Wovor ...? 3. Worauf ...? 4. Woran ...? 5. Wonach ...? 6. Wovon ...?
→ R 109

T 217: 1. Worüber ...? 2. Worauf ...? 3. Worauf ...? 4. Wovor ...? 5. Woran ...? 6. Worüber ...? 7. Wofür ...?

Die Negation von Sätzen

T218 *Drücken Sie folgende Sätze negativ aus!*

1. Gefällt dir das neue Kleid? **2.** Es gefällt mir. **3.** Hast du den Brief an Paul geschrieben? **4.** Ich habe ihn geschrieben. **5.** Kommt dein Freund morgen? **6.** Er kommt. **7.** Haben die Einbrecher die Flucht ergriffen? **8.** Sie haben die Flucht ergriffen. **9.** Hat sich der Skifahrer das Bein gebrochen? **10.** Er hat sein Bein gebrochen. **11.** Hat Hans Wort gehalten? **12.** Er hat Wort gehalten. **13.** Fahrt ihr morgen nach Köln? **14.** Wir fahren morgen. **15.** Habt ihr letzte Nacht gut geschlafen? **16.** Wir haben gut geschlafen. **17.** Warten Sie auf den Bus? **18.** Ich warte auf den Bus. **19.** Wohnst du in Berlin? **20.** Ich wohne in Berlin.

T 219 *Drücken Sie die Gliedsätze negativ aus!*

1. Fritz sagte, daß er sich das Motorrad kaufen will. **2.** Wir hoffen, daß ihr in Köln bleiben müßt. **3.** Mein Freund schrieb mir, daß er gestern hat nach München fahren wollen. **4.** Hubert glaubt, daß er seine Prüfung wird bestehen können. **5.** Stimmt es, daß dich dein Vetter zu seiner Hochzeit eingeladen hat? **6.** Wer sagt, daß er mich dazu eingeladen hat? **7.** Die Frau sagt, daß sie sich um ihren Sohn sorgt. **8.** Fräulein Müller sagte mir, daß sie gestern den Chef habe telefonisch erreichen können. **9.** Könntet ihr mir sagen, wann ihr mal abends vor dem Fernseher sitzt? **10.** Weißt du, warum sich die Kinder über unseren Besuch freuen?

Zur Kontrolle

T 218: 1. … das neue Kleid nicht? 2. … mir nicht. 3. … nicht geschrieben? 4. … nicht geschrieben. 5. … morgen nicht? 6. … kommt nicht. 7. … nicht die Flucht …? 8. … nicht die Flucht … 9. … nicht das Bein gebrochen? 10. … nicht gebrochen. 11. … nicht Wort …? 12. … nicht Wort … 13. … nicht nach Köln? 14. morgen nicht. 15. … nicht gut …? 16. … nicht gut … 17. … nicht auf den Bus? 18. … nicht auf den Bus. 19. … nicht in Berlin? 20. … nicht in Berlin.

T 219: 1. … nicht kaufen will. 2. … nicht in Köln … 3. … nicht hat nach München … 4. … nicht wird bestehen … 5. … nicht zu seiner Hochzeit … 6. … nicht dazu … 7. … nicht um ihren Sohn … 8. … nicht habe … 9. … nicht vor dem Fernseher … 10. … nicht über unseren Besuch …

Die Satznegation *nicht* nimmt den Stellplatz (10) ein. → R 108, R 122. In Nebensätzen mit zwei Infinitiven im Prädikat (→ R 126) steht *nicht* unmittelbar vor der vorgezogenen Personalform; vgl. Satz 3, 4, 8.

Attribute

Setzen Sie die Attribute ein!

T220 1. *älterer / letzten / gute / im Deutschen:* Mein Bruder hat in der Zeit Fortschritte gemacht. 2. *Ihre / vor dem Hund:* Kinder brauchen keine Angst zu haben. 3. *alte / verkehrsreichen / besonders:* Leute müssen auf Straßen vorsichtig sein. 4. *an die Universität:* Vergiß bitte nicht, den Brief einzuwerfen! 5. *verletzte / eigenen / nächste:* Der Autofahrer ist noch im Wagen ins Krankenhaus gefahren. 6. *nach Berlin / wenigen / in Köln:* Der Zug hat vor Minuten den Hauptbahnhof verlassen. 7. *sehr / mit dem Flugzeug zu fliegen:* Früher habe ich viel Angst gehabt. 8. *der uns bedient / in der Kölner Straße:* Der Kellner arbeitete früher in einem Restaurant. 9. *mit dem ich gerade gesprochen habe:* Haben Sie den Mann gekannt? 10. *Herr / dieses Hauses:* Ist Meier der Besitzer? 11. *drei / Professor / Kölner / deutsche / nach 1918:* Ich habe Semester lang bei Müller an der Universität Vorlesungen über Geschichte gehört. 12. *städtischen / für Völkerkunde / interessante / über ostafrikanische Kunst:* Im Museum ist eine Ausstellung.

T221 1. *ganz:* Ich muß jetzt schnell nach Hause. 2. *sehr:* Ich habe wenig Zeit. 3. *Ihren / um die Ecke:* Sie können Wagen rechts in der Nebenstraße parken. 4. *da / auf dem Berg:* Sehen Sie oben den Fernsehturm? 5. *diese / vollkommen:* Für Arbeit bin ich ungeeignet. 6. *ziemlich:* Das Wetter sieht schlecht aus. 7. *etwas:* Können Sie nicht schneller fahren? 8. *ein bißchen:* Kannst du mir nicht mehr Geld geben?

T222 1. *gut:* Heute habe ich für euch etwas gekocht. 2. *interessant:* Ich muß dir etwas erzählen. 3. *wichtig:* Steht in dem Brief etwas? 4. *gut:* Zum Geburtstag wünsche ich dir alles. 5. *praktisch:* Meine Mutter hat mir etwas geschenkt. 6. *bekannt:* Hast du mit jemand gesprochen? 7. *bekannt:* Ich habe mit niemand gesprochen. 8. *preisgünstig:* Hier habe ich etwas für Sie.

Zur Kontrolle

T 201: 1. Mein älterer Bruder ... in der letzten Zeit gute Fortschritte im Deutschen ... 2. Ihre Kinder ... keine Angst vor dem Hund ... 3. Alte Leute ... auf verkehrsreichen Straßen besonders vorsichtig ... 4. ..., den Brief an die Universität ... 5. Der verletzte Autofahrer ... im eigenen Wagen ins nächste Krankenhaus ... 6. Der Zug nach Berlin ... vor wenigen Minuten den Hauptbahnhof in Köln ... 7. ... sehr viel Angst gehabt, mit dem Flugzeug zu fliegen. 8. Der Kellner, der uns bedient, ... in einem Restaurant in der Kölner Straße. 9. ... den Mann gekannt, mit dem ich gerade gesprochen habe? 10. ... Herr Meier der Besitzer dieses Hauses? 11. ... drei Seme-

ster lang bei Professor Müller an der Kölner Universität Vorlesungen über deutsche Geschichte nach 1918 ... 12. Im städtischen Museum für Völkerkunde ... eine interessante Ausstellung über ostafrikanische Kunst.
→ R 103, R 104, R 105

T 221: 1. ... ganz schnell ... 2. ... sehr wenig Zeit. 3. ... Ihren Wagen rechts um die Ecke ... 4. ... da oben auf dem Berg ... 5. Für diese Arbeit ... vollkommen ungeeignet. 6. ... ziemlich schlecht ... 7. ... etwas schneller ... 8. ... ein bißchen mehr Geld ...
→ R 103, R 104, R 105

T 222: 1. ... etwas Gutes ... 2. ... etwas Interessantes ... 3. ... etwas Wichtiges? 4. ... alles Gute. 5. ... etwas Praktisches ... 6. ... mit jemand Bekanntem ... 7. ... mit niemand Bekanntem ... 8. ... etwas Preisgünstiges ...
→ R 105, R 67

Attributsätze

T223 *Schließen Sie den zweiten Satz als Relativsatz an!*

1. Da ist die junge Dame. (Sie wollte dich sprechen.) **2.** Hier steht der Wagen. (Ich habe ihn gestern gekauft.) **3.** Auf dem Tisch liegen die Briefe. (Sie sind heute mit der Post gekommen.) **4.** Hier wohnt mein Freund. (Ich will ihm zum Geburtstag gratulieren.) **5.** Ich kenne die Frau. (Du bist ihr gestern auf der Straße begegnet.) **6.** Wohnen hier die Leute? (Sie vermieten Zimmer.) **7.** Die Leute sind sehr sympathisch. (Du hast sie zur Party eingeladen.) **8.** Was ist das für ein Job? (Du hast dir den Job gesucht.)
9. Den Preis für das Zimmer können wir uns nicht leisten. (Der Vermieter hat den Preis verlangt.) **10.** Wer war der Mann? (Du hast ihn gerade angerufen.) **11.** Ich gebe dir einen Scheck. (Du kannst ihn bei der Bank einlösen.) **12.** Wer war das Kind? (Du hast ihm deinen Wohnungsschlüssel gegeben.) **13.** Die Leute sind in unser Haus gezogen. (Wir haben ihnen gestern beim Umzug geholfen.) **14.** Hast du schon meine Geschenke gesehen? (Ich habe sie zu Weihnachten bekommen.)

T224 *Schließen Sie den zweiten Satz als Relativsatz an!*

1. Ist das der Wagen? (Du willst mit dem Wagen in Urlaub fahren.) **2.** Heute gehe ich auf eine Party. (Meine Freunde haben mich zu der Party eingeladen.) **3.** Das Geschäft ist in der Berliner Straße. (Ich arbeite in dem Geschäft.) **4.** Dort kommt mein Kollege. (Mit dem Kollegen wohne ich zusammen.) **5.** Da ist der Lehrer. (Ich lerne bei dem Lehrer Deutsch.)
6. Ich danke Ihnen für den Brief. (Ich habe mich über den Brief sehr gefreut.) **7.** Heute ist der Tag. (Ich habe an diesem Tag vor zehn Jahren ge-

heiratet.) **8.** Halma ist ein Brettspiel. (An diesem Spiel können sich 4 bis 6 Mitspieler beteiligen.)

T225 *Schließen Sie den zweiten Satz als Relativsatz an! Der Relativsatz bezieht sich auf ein Genitivattribut.*

1. Ist das nicht Herr Puchner? (*Der Sohn des Herrn Puchner* hat zusammen mit Hans das Abitur gemacht.) **2.** Wer sind die Leute eigentlich? (*Die Kinder der Leute* spielen ständig vor unserer Haustür.) **3.** Dort kommt der Lebensmittelhändler. (*Das Geschäft dieses Händlers* ist hier in unserer Straße neu eröffnet worden.) **4.** Wie heißt noch die Frau? (*Das Kind der Frau* ist neulich von einem Auto angefahren worden.) **5.** Wie ist die Adresse der Firma? (*Der Vertreter der Firma* wollte uns gestern Staubsauger verkaufen.) **6.** Geht dort nicht der Schauspieler? (*Das Foto des Schauspielers* war heute in der Zeitung.) **7.** Hier ist das Geschäft. (*Mit dem Inhaber dieses Geschäfts* haben wir gestern an der Bushaltestelle gesprochen.) **8.** Wie hieß noch der Professor? (Am Montag waren wir *in der Vorlesung des Professors*.)

T226 *Schließen Sie den zweiten Satz als Relativsatz an. Der Relativsatz bezieht sich auf ein Genitivattribut.*

Beispiel: Kennen Sie die Leute? (Hier stehen noch *ihre Koffer. = die Koffer der Leute*)
Kennen Sie die Leute, *deren Koffer* hier noch stehen?

1. Wie alt ist der Kollege geworden? (Wir haben gestern *seinen Geburtstag* gefeiert.) **2.** Das ist der Mann. (*Seine Frau* ist Französin.) **3.** War das nicht der Junge? (*Sein Vater* arbeitet bei Ihnen in der Fabrik.) **4.** Ist das nicht Herr Meier? (Du hast mir neulich *sein Haus* gezeigt.)
5. Ist das nicht Frau Kunze? (Wir waren gestern *mit ihrem Sohn* im Kino.)
6. Dort sind die Kinder. (Ich war neulich *mit ihren Eltern* in Köln.) **7.** Ist das nicht Paul Krüger? (Wir waren gestern *bei seiner Geburtstagsparty*.)
8. Das ist das Foto der Schauspielerin. (Die Zeitungen haben *über ihre Amerikatournee* berichtet.)

Zur Kontrolle

T223: 1. … die junge Dame, die dich … wollte. 2. … der Wagen, den ich … habe. 3. … die Briefe, die … sind. 4. … mein Freund, dem ich … will. 5. … die Frau, der du … bist. 6. … die Leute, die … vermieten? 7. Die Leute, die du … hast, … 8. … ein Job, den du dir … hast? 9. Den Preis für das Zimmer, den … verlangt hat, können …[1] 10. … der Mann, den du … hast? 11. … einen Scheck, den du … kannst. 12. … das Kind, dem du … hast? 13. Die Leute, denen wir … haben, sind … 14. … meine Geschenke gesehen, die ich … habe?[2]

→ R 44, R 105, R 115 und *Satzbaulineal* Seite 65

[1] Wenn mehrere Attribute bei einem Nomen stehen, folgt der Relativsatz als letztes Attribut.

[2] Attributsätze, die zum letzten Satzglied auf dem Satzfeld gehören, stehen im Nachfeld. → R 115

T 224: 1. ..., mit dem du ... willst? 2. ..., zu der mich meine Freunde ... haben. 3. Das Geschäft, in dem ich arbeite, ist ... 4. ..., mit dem ich zusammen wohne. 5. ..., bei dem ich Deutsch lerne. 6. ..., über den ich mich ... habe. 7. ..., an dem ich ... habe. 8. ..., an dem sich ... können.

T 225: 1. ... Herr Puchner, dessen Sohn zusammen mit Hans ... hat? 2. ... die Leute eigentlich, deren Kinder ... spielen? 3. ... der Lebensmittelhändler, dessen Geschäft ... ist. 4. ... die Frau, deren Kind ... ist? 5. ... die Adresse der Firma, deren Vertreter uns ... wollte? 6. ... der Schauspieler, dessen Foto heute ... war? 7. ... das Geschäft, mit dessen Inhaber wir ... haben. 8. ... der Professor, in dessen Vorlesung wir am Montag waren?

T 226: 1. ... der Kollege geworden, dessen Geburtstag wir ... haben? 2. ... der Mann, dessen Frau Französin ist. 3. ... der Junge, dessen Vater ... arbeitet? 4. ... Herr Meier, dessen Haus du mir ... hast? 5. ... Frau Kunze, mit deren Sohn wir ... waren? 6. ... die Kinder, mit deren Eltern ich ... war. 7. ... Paul Krüger, bei dessen Geburtstagsparty wir gestern waren? 8. ... das Foto der Schauspielerin, über deren Amerikatournee die Zeitungen berichtet haben.

→ R 44, R 105, R 115 und *Satzbaulineal* Seite 65

Infinitivsätze und Konjunktionalsätze als Attribute

T227 *Bilden Sie Infinitivsätze, und schließen Sie sie als Attribute an!*

1. *die Produktion einschränken:* Wußten Sie von der Absicht der Firmenleitung? **2.** *hier eine größere Wohnung finden:* Ich halte den Wunsch deiner Frau für schwer erfüllbar. **3.** *die Kinder wiedersehen können:* Wir verstehen eure Freude. **4.** *seine Schulden bezahlen:* Hat Paul sein Versprechen gehalten? **5.** *die Häuser durchsuchen:* Der Offizier hatte seinen Soldaten den Befehl gegeben. **6.** *mit den Gewerkschaften verhandeln:* Die Schwierigkeiten schienen unüberwindlich zu sein. **7.** *kommen und gehen, wann ich will:* Ich bestehe auf mein Recht. **8.** *zum Geburtstag ein Fahrrad geschenkt bekommen:* Der Wunsch des Jungen ist erfüllt worden.

T228 *Schließen Sie die Sätze als Attributsätze an!*

1. *Ihre Theorie stimmt.:* Sie sind uns den Beweis noch schuldig geblieben. **2.** *Wann trifft der Zug aus Hamburg hier ein?:* Der Mann konnte mir keine Auskunft geben. **3.** *Die Firma wird sich von der Krise erholen.:* Die Hoffnung hat sich leider zerschlagen. **4.** *Der Angeklagte ist unschuldig.:* Ich bin der Überzeugung. **5.** *Wann werde ich das Examen machen?:* Ich kann dir die Frage leider noch nicht beantworten.

Zur Kontrolle

T 227: 1. ... von der Absicht der Firmenleitung, die Produktion einzuschränken? 2. ... den Wunsch deiner Frau, hier eine größere Wohnung zu finden, für ... 3. ... eure Freude, die Kinder wiedersehen zu können. 4. ... sein Versprechen gehalten, seine Schulden zu bezahlen? 5. ... den Befehl gegeben, die Häuser zu durchsuchen. 6. Die Schwierigkeiten, mit den Gewerkschaften zu verhandeln, schienen ... 7. ... auf mein Recht,[1] zu kommen und zu gehen, wann ich will. 8. Der Wunsch des Jungen, zum Geburtstag ein Fahrrad geschenkt zu bekommen, ...

[1] auf seinem Recht bestehen = auf etwas beharren; auf sein Recht bestehen = fordern, verlangen

T 228: 1. ... den Beweis, daß/ob Ihre Theorie stimmt, noch ... 2. ... keine Auskunft geben, wann der Zug aus Hamburg hier eintrifft. 3. Die Hoffnung, daß sich die Firma von der Krise erholen wird, hat sich ... 4. ... der Überzeugung, daß der Angeklagte unschuldig ist. 5. ... die Frage, wann ich das Examen machen werde, leider noch nicht ...

→ R 105: Wenn zu einem Nomen mehrere Attribute gehören, stehen Attributsätze als letztes Attribut. Wenn ein Nomen am Ende des Satzfelds steht, folgt der Attributsatz im Nachfeld. → R 115

Das attributive Adjektiv

Setzen Sie die Adjektive als Attribute ein!

T229 **1.** *neu:* das ... Auto **2.** *neu:* mit meiner ... Freundin **3.** *ganz:* während der ... Woche **4.** *letzt-:* am ... Sonntag **5.** *harmonisch:* in einer ... Ehe **6.** *normal:* für einen ... Haushalt **7.** *eng:* in diesen ... Straßen **8.** *gesamt:* der ... Straßenverkehr **9.** *heftig:* nach den ... Schneefällen **10.** *lang, streng:* nach einem ..., ... Winter **11.** *hoch, schwarz:* mit ..., ... Stiefeln **12.** *ständig:* die ... Verkehrsstaus **13.** *alt:* im ... Haus **14.** *startbereit:* welche ... Maschine? **15.** *jung:* diese ... Dame **16.** *gut:* jedes ... Hotel **17.** *letzt-, glücklich:* die ... ... Tage **18.** *groß:* in eurem ... Garten **19.** *jung:* die ... Sportler **20.** *länger:* nach einer ... Krankheit **21.** *fünft- (5.):* am ... März

T230 **1.** *alt:* ein ... Mann **2.** *jüngst-:* unser ... Sohn **3.** *neu:* mein ... Auto **4.** *halb:* ein ... Apfel **5.** *groß:* unter ... Schwierigkeiten **6.** *wenig:* mit ... Worten **7.** *kurz:* nach ... Zeit **8.** *frei:* aus ... Willen **9.** *herzlich:* mit ... Gruß **10.** *nächst-:* ab ... Monat **11.** *heftig:* trotz ... Schneefälle **12.** *best-:* mit ... Erfolg **13.** *alt:* mit wessen ... Auto? **14.** *frisch:* mit

... Milch **15.** *länger:* nach ... Krankheit **16.** *bestimmt:* aus ... Gründen **17.** *schlecht:* wegen ... Wetters **18.** *schön:* bei solch ... Wetter **19.** *interessant, lebhaft:* Der Autor, dessen ... Vortrag alle Zuhörer fasziniert hatte, erhielt ... Beifall. **20.** *einzig:* Die Trauergäste kondolierten der alten Frau, deren ... Sohn tödlich verunglückt war.

T231 **1.** *lieb:* ... Vater **2.** *neu:* der ... Fahrplan **3.** *schön:* ... Wetter **4.** *alt:* dieses ... Haus **5.** *jung:* für jedes ... Mädchen **6.** *lieb:* ... Eltern **7.** *billig:* die Qualität ... Kleidung **8.** *freundlich:* ... Grüße **9.** *groß:* in dieser ... Stadt **10.** *jung, alt:* ... Frauen und ... Männer **11.** *alt, baufällig:* in ..., ... Häusern **12.** *letzt-:* in den ... Wochen **13.** *schön:* eines ... Tages **14.** *schön:* an einem ... Tag **15.** *neu:* der Bau der ... Autobahn

Zur Kontrolle

T 229: 1. neue 2. neuen 3. ganzen 4. letzten 5. harmonischen 6. normalen 7. engen 8. gesamte 9. heftigen 10. langen, strengen 11. hohen, schwarzen 12. ständigen 13. alten 14. startbereite 15. junge 16. gute 17. letzten glücklichen 18. großen 19. jungen 20. längeren 21. fünften
Allen attributiven Adjektiven geht ein Funktionszeichen voraus.
→ R 66, R 67; R 51, R 52; R 68

T 230: 1. alter 2. jüngster 3. neues 4. halber 5. großen 6. wenigen 7. kurzer 8. freiem 9. herzlichem 10. nächstem 11. heftiger 12. bestem 13. altem 14. frischer 15. längerer 16. bestimmten 17. schlechten 18. schönem 19. interessanter, lebhaften 20. einziger
Die attributiven Adjektive nehmen die Funktionszeichen an, weil ihnen **kein** Funktionszeichen vorausgeht. Beachten Sie: Im Genitiv maskulin/neutral Singular erhält das attributive Adjektiv immer die Endung *-en*.
→ R 66, R 67, R 68

T 231: 1. lieber 2. neue 3. schönes 4. alte 5. junge 6. liebe 7. billiger 8. freundliche 9. großen 10. junge, alte 11. alten, baufälligen 12. letzten 13. schönen 14. schönen 15. neuen

T232 **1.** *bekannt:* Hast du jemand ... getroffen? **2.** *bekannt:* Nein, ich habe niemanden ... gesehen. **3.** *neu:* Gibt es bei euch etwas ...? **4.** *neu:* Nein, es gibt nichts ... . **5.** *interessant:* Ich kann dir viel ... erzählen **6.** *unangenehm:* Hoffentlich ist es nichts ... . **7.** *gut:* Meine Mutter hat heute etwas ... gekocht. **8.** *wichtig:* Steht in dem Brief etwas ...? **9.** *preisgünstig:* Hier habe ich etwas ... für Sie. **10.** *ander-:* Haben Sie nichts ... da? **11.** *neu:* Mutter will uns morgen mit etwas ... überraschen. **12.** *bekannt:* Hast du mit jemand ... gesprochen?

Zur Kontrolle

T 232: 1. Bekannten/Bekanntes 2. Bekannten 3. Neues 4. Neues 5. Interessantes 6. Unangenehmes 7. Gutes 8. Wichtiges 9. Preisgünstiges 10. anderes 11. Neuem 12. Bekanntem
Adjektive stehen als Attribute hinter den unbestimmten Pronomen. Sie werden, mit Ausnahme von *ander-*, mit großen Anfangsbuchstaben geschrieben.
→ R 50, R 66

Das attributive Adjektiv mit Funktionszeichen

	der Tee grün**er** Tee	**das** Wasser kalt**es** Wasser	**die** Milch warm**e** Milch	**die** Getränke heiß**e** Getränke
ohne	**den** Tee grün**en** Tee	**das** Wasser kalt**es** Wasser	**die** Milch warm**e** Milch	**die** Getränke heiß**e** Getränke
mit	**dem** Tee grün**em** Tee	**dem** Wasser kalt**em** Wasser	**der** Milch warm**er** Milch	**den** Getränken heiß**en** Getränken

	der Pulli		das Hemd		die Bluse
ein mein	rot**er** Pulli	ein mein	blau**es** Hemd	eine meine	hell**e** Bluse

Das attributive Adjektiv erhält das Funktionszeichen (→ R 66), wenn vor dem Adjektiv kein Funktionszeichen steht.

Das attributive Adjektiv mit Attributzeichen „*-e*" oder „*-en*"

Singular	maskulin			neutral		feminin	
Nominativ	der dieser jeder	blau**e** Pulli	Nominativ/ Akkusativ	das dieses jedes	weiß**e** Hemd	die diese jede	kurz**e** Hose

Nach allen anderen Funktionszeichen steht im Singular und im Plural das Attributzeichen *-en*:
ohne d*en* / ein*en* / mein*en* blau**en** Pulli; mit d*em* / ein*em* / mein*em* blau**en** Pulli
mit d*em* / ein*em* / mein*em* weiß**en** Hemd
mit d*er* / ein*er* / mein*er* kurz**en** Hose
d*ie* / all*e* / mein*e* blau**en** Pullis
mit d*en* / all*en* / mein*en* weiß**en** Hemden
Das attributive Adjektiv erhält das Attributzeichen (→ R 66), wenn ihm ein Funktionszeichen vorausgeht.

Pronominaler Gebrauch von Adjektiven und Verben (Partizipien)

Bezug auf Personen

T233 *Setzen Sie die Adjektive und Verben (Partizipien) als „Pronomen" ein!*

1. *bekannt:* Ich habe ... in Berlin. **2.** *deutsch:* Sind Sie ... oder Ausländer? **3.** *angestellt:* Wie war der Name des ...? **4.** *verwandt:* Paul ist ein ... von mir. **5.** *reisend:* Woher kommen die ...? **6.** *deutsch:* Unter den Touristen gab es auch ein paar ... . **7.** *bekannt:* Gestern hat mich ein ... aus Köln besucht. **8.** *arbeitslos:* Wie hoch ist gegenwärtig die Zahl der ...? **9.** *alt, krank:* Der Staat tut immer noch zu wenig für die ... und ... . **10.** *behindert:* Das Jahr 1981 war das Jahr der ... . **11.** *gesandt:* Mein Vater war ... der Republik Österreich in Afghanistan. **12.** *abgeordnet:* Frau Müller ist ... des Bundestags. **13.** *vorsitzend:* Sind Sie ... Ihres Vereins? **14.** *verlobt:* Irene besucht ihren ... in Köln. **15.** *angehörig:* Bist du jetzt ... der Bundeswehr?

Zur Kontrolle

T233: 1. Bekannte 2. Deutscher 3. Angestellten 4. Verwandter 5. Reisenden 6. Deutsche 7. Bekannter 8. Arbeitslosen 9. Alten, Kranken 10. Behinderten 11. Gesandter 12. Abgeordnete 13. Vorsitzender 14. Verlobten 15. Angehöriger
→ R 7, R 53, R 66
Wenn Adjektive oder Verben als Partizipien auf Personen bezogen werden, also Personen bezeichnen, erhalten sie die Funktionszeichen oder Attributzeichen wie z. B. die attributiven Adjektive.

der alt**e** Mann	ein alt**er** Mann	die alt**e** Frau	die alt**en** Leute	alt**e** Leute
der **Alte**	ein **Alter**	die **Alte**	die **Alten**	**Alte**

Die pronominal gebrauchten Adjektive und Verbformen werden in der Schrift mit großen Anfangsbuchstaben geschrieben, als optisches Signal für ihren besonderen Gebrauch innerhalb eines Satzes.

Bezug auf Sachen oder Begriffe

T234 *Setzen Sie die Adjektive und Verben (Partizipien) als „Pronomen" ein!*

1. *gut:* Rückschläge im Leben können auch ihr ... haben. **2.** *gleich:* Man soll niemals ... mit ... vergelten. **3.** *praktisch, theoretisch:* Ich interessiere mich mehr für das ... und nicht so sehr für das ... . **4.** *dümmst-:* Das war das ..., was du tun konntest. **5.** *best-:* Meine Eltern haben immer nur mein ... gewollt. **6.** *hervorragend:* Es gibt nur wenige Menschen, die ...

leisten. 7. *schlimm:* Willi hat in seinem Leben schon ... durchgemacht. 8. *schlimmst-:* Was die politische Entwicklung angeht, so darf man nicht immer mit dem ... rechnen. 9. *wichtiger, vergangen:* Wir haben jetzt ... zu tun, als immer nur an ... zu denken. 10. *hell, dunkel:* Ich sehe überhaupt nichts, wenn ich plötzlich vom ... ins ... komme. 11. *häßlicher:* Ich habe schon ... gesehen als das. 12. *schönst-:* Was war das ..., was ihr auf eurer Reise erlebt habt?

Zur Kontrolle

T 234: 1. Gutes 2. Gleiches, Gleichem 3. Praktische, Theoretische 4. Dümmste 5. Bestes 6. Hervorragendes 7. Schlimmes 8. Schlimmsten 9. Wichtigeres, Vergangenes 10. Hellen, Dunkle 11. Häßlicheres 12. Schönste
Adjektive oder Verben als Partizipien erhalten die neutralen Funktionszeichen, wenn sie sich auf Sachen oder Begriffe beziehen, sonst die Attributzeichen. → R 7, R 53, R 66
Die so gebrauchten Adjektive und Verbformen werden mit großem Anfangsbuchstaben geschrieben.

„ein", „kein", „welch-" und Possessivpronomen als Satzglieder (pronominaler Gebrauch)

T235 *Setzen Sie als Satzglieder ein!*

1. *kein:* Ist da ein Bleistift? Hier liegt ... . 2. *mein:* Hier, nimm den Kugelschreiber. Es ist ... . 3. *welch-:* Ich habe keinen Zucker mehr. Hast du noch ...? 4. *ein:* Ist hier ein Postamt? – Ja, in der nächsten Straße ist ... . 5. *welch-:* Brauchst du noch Briefmarken? – Ja, ich brauche noch ... . 6. *kein:* Haben Sie noch Eier? – Nein, ich habe ... mehr. 7. *kein:* Haben Sie schon eine Wohnung? – Nein, ich habe noch ... . 8. *welch-:* Möchtest du noch Kuchen? – Nein, danke, ich habe noch ... . 9. *ein:* Da stehen verschiedene Regenschirme. ... davon gehört bestimmt mir.

T236 *Antworten Sie!*

1. Trägt dein Bruder eine Brille? – Ja/Nein, ... 2. Brauchst du ein Formular? – Ja/Nein, ... 3. Haben Sie einen Wagen? – Ja/Nein, ... 4. Hast du Briefmarken? – Ja/Nein, ... 5. Liegt da ein Taschenrechner? – Ja/Nein, ... 6. Sind in dem Buch Bilder? – Ja/Nein, ... 7. Haben Sie Zeitschriften? Ja/Nein, ... 8. Hast du Geld dabei? – Ja/Nein, ... 9. Enthält das Medikament Alkohol? – Ja/Nein, ... 10. Möchtest du ein Bonbon? – Ja/Nein, ... 11. Wollt ihr einen Kaugummi? – Ja/Nein, ... 12. Ist Benzin im Kanister? – Ja/Nein, ...

Zur Kontrolle

T 235: 1. keiner 2. meiner 3. welchen 4. eins 5. welche 6. keine 7. keine 8. welchen 9. Einer
→ R 69, R 66

T 236: 1. er trägt eine/keine. 2. ich brauche eins/keins. 3. ich habe einen/keinen. 4. ich habe welche/keine. 5. da liegt einer/keiner. 6. es sind welche/keine drin. 7. ich habe welche/keine. 8. ich habe welches/keins dabei. 9. es enthält welchen/keinen. 10. ich möchte eins/keins. 11. wir möchten einen/keinen. 12. es ist welches/keins drin.

Die unbestimmten Pronomen „manch" und „solch"

T237 *Ergänzen Sie die fehlenden Funktions- und Attributzeichen!*

1. Dein Fahrrad gefällt mir. Ich möchte auch *ein solch_* haben.
Ich möchte auch *solch ein_* haben.
Ich möchte auch *solch ein schön_* Fahrrad haben.
Ich möchte auch *ein solch schön_* Fahrrad haben.

2. Dein Mantel gefällt mir. Ich ... **3.** Deine Bluse gefällt mir. Ich ... **4.** Dein Hut gefällt mir. Ich ... **5.** Deine Mütze gefällt mir. Ich ... **6.** Deine Schuhe gefallen mir. Ich ...

T238 wie T237 *In Klammern stehen alternative Ausdrücke.*

1. Wir haben schon *manch_* Bergtour (*manch ein_* Bergtour) gemacht, aber *ein_ solch schwierig_* (*solch ein_ schwierig_*) noch nicht. **2.** Ich habe schon *manch ein_ interessant_* Ausstellung (*manch_ interessant_* Ausstellung) besucht, aber *ein_ solch_ interessant_* Ausstellung (*solch ein_ interessant_* Ausstellung) habe ich noch nicht gesehen. **3.** *Manch_* Mann wäre glücklich, wenn er *ein_ solch_* Arbeit (*solch ein_* Arbeit) hätte. **4.** Wir sind schon *manch_* Leuten begegnet, aber mit *solch_ unhöflich_* Menschen habe ich noch nichts zu tun gehabt. **5.** Wer viel reist, wird *manch_* kennenlernen. **6.** Der letzte Sommer war sehr heiß. An *manch_* Tagen war aber die Hitze unerträglich. **7.** Bei *solch ein_ schlecht_* Wetter (*solch schlecht_* Wetter) gehe ich nicht außer Haus. **8.** Du weißt schon viel, aber du wirst noch *manch_* lernen müssen. **9.** Der Wagen fuhr mit *solch ein_* Geschwindigkeit (*solch_ / ein_ solch_* Geschwindigkeit) durch die Regenpfützen, daß die Fußgänger ganz naß wurden. **10.** Der Hund hatte *ein_ solch groß_* Angst (*solch ein_ groß_* Angst), daß er am ganzen Körper zitterte. **11.** In *manch_* Fällen magst du recht haben, aber nicht in allen. **12.** Für die Einreise in *manch_* Länder braucht man ein Visum. **13.** Wir haben schon *manch_ Gut_* (*manch Gut_*) über dich gehört.

Zur Kontrolle

T 237: 1. ein solches / solch eins / solch ein schönes / ein solch schönes 2. einen solchen / solch einen / solch einen schönen / einen solch schönen 3. eine solche / solch eine / solch eine schöne / eine solch schöne 4. einen solchen / solch einen / solch einen schönen / einen solch schönen 5. eine solche / solch eine / solch eine schöne / eine solch schöne 6. solche / solche / solch schöne / solche schönen

T 238: 1. manche (manch eine), eine solch schwierige (solch eine schwierige) 2. manch eine interessante (manch interessante / manche interessante), eine solche interessante (solch eine interessante) 3. Mancher, eine solche (solch eine) 4. manchen, solchen unhöflichen 5. manches 6. manchen 7. solch einem schlechten (solch schlechtem) 8. manches 9. solch einer (solcher / einer solchen) 10. eine solch große (solch eine große) 11. manchen 12. manche 13. manches Gute (manch Gutes)
→ R 66, R 67

Fragepronomen

„Welch_?“ oder „Was für?“

T239 *Fragen Sie nach den kursiv gedruckten Attributen oder Bestimmungswörtern!*

1. Ich habe mir einen *Regen*mantel gekauft. **2.** Wir wohnen in einem *Hoch*haus. **3.** Ich bin mit einem *Intercity* nach Köln gefahren. **4.** Ich habe den Intercity genommen, *der von hier um 9.45 Uhr abfährt.* **5.** Ich habe im Hotel *„Excelsior“* übernachtet. **6.** Mein Bruder fährt einen *italienischen* Wagen. **7.** Egon fährt einen *Porsche.* **8.** Günter hat in München einen *leichten* Job gefunden. **9.** Er macht *Büro*arbeiten. **10.** Ich arbeite bei der Baufirma *Aicher & Co.* **11.** Mir gefällt *das blaue* Kleid am besten. **12.** Gestern bin ich mit dem Wagen *meines Vaters* gefahren.

„Wieviel?“ oder „Wie viele?“

T240 *Setzen Sie „wieviel?“ oder „Wie viele?“ ein!*

1. ... Geschwister haben Sie? **2.** ... kostet eine Fahrt nach Hamburg? **3.** ... Kilo Äpfel sind das? **4.** ... Geld hast du bei dir? **5.** ... Stockwerke hat das Hochhaus? **6.** Um ... Uhr fährt der Zug ab? **7.** ... Seiten hat dieses Buch? **8.** Der ... ist heute? **9.** ... Bier hast du schon getrunken? **10.** Auf ... Grad ist das Thermometer heute gestiegen?

Zur Kontrolle

T 239: 1. Was für einen Mantel ...? 2. In was für einem Haus ...? 3. Mit was für einem Zug ...? 4. Welchen Intercity ...? 5. In welchem Hotel ...? 6. Was für einen Wagen ...? 7. Was für einen Wagen ...? 8. Was für einen Job ...? 9. Was für Arbeiten ...? 10. Bei welcher Baufirma ...? 11. Welches Kleid ...? 12. Mit welchem Wagen ...?
→ R 41, R 42

T 240: 1. Wie viele 2. Wieviel 3. Wieviel 4. Wieviel 5. Wie viele 6. wieviel 7. Wie viele 8. wievielte 9. Wieviel 10. wieviel
wieviel fragt nach meßbaren Mengen; *wie viele* nach zählbaren Mengen.

Die Komparation

T241 *Setzen Sie die Komparativformen ein!*

1. *lang:* Der Nil ist ein ... Fluß als die Donau. **2.** *hoch:* Der Montblanc ist ein ... Berg als die Zugspitze. **3.** *schnell:* Das Flugzeug ist ein ... Verkehrsmittel als das Auto. **4.** *groß:* Afrika ist ein ... Kontinent als Europa. **5.** *schön:* Das Pferd ist ein ... Tier als das Krokodil. **6.** *breit, hoch:* Man baut jetzt immer ... Straßen und ... Häuser.

T242 *Setzen Sie die Superlativformen ein!*

1. *schnell:* Was sind die ... Verkehrsmittel? **2.** *groß:* Wie heißt der ... Kontinent? **3.** *lang:* Wie heißt der ... Fluß Europas? **4.** *hoch:* Wie heißt der ... Berg Deutschlands? **5.** *schön:* Welches ist die ... Blume? **6.** *teuer:* Welches ist das ... Auto? **7.** *gut:* Wie heißt das ... Hotel dieser Stadt? **8.** *viel:* Wo gibt es die ... Antilopen? **9.** *langsam:* Welches sind die ... Tiere? **10.** *klein:* Wie heißen die ... Elementarteilchen? **11.** *häßlich:* Welches sind die ... Tiere? **12.** *schlecht:* Welches sind die ... Eigenschaften des Menschen?

T243 *Ergänzen Sie die Komparativ- und die Superlativformen!*

1. *schnell:* Läuft ein Pferd ... als ein Kamel? **2.** *schnell:* Ein Pferd läuft auf jeden Fall am ... . **3.** *langsam:* Sie arbeiten ... als Ihre Kollegen. **4.** *langsam:* Sie sind der ... Arbeiter im ganzen Betrieb. **5.** *billig:* Bier ist sicher ... als Wein. **6.** *billig:* Das ... Getränk ist Wasser. **7.** *teuer:* Kaffee ist jetzt ... als vor fünf Jahren. **8.** *teuer:* Aber Kaffee ist noch nicht das ... Getränk. **9.** *teuer:* Es gibt Getränke, die noch viel ... sind. **10.** *klein:* Afrika ist ... als Asien. **11.** *klein:* Europa ist ein ... Kontinent als Afrika. **12.** *klein:* Welcher Kontinent ist am ...? **13.** *groß:* Frankreich ist ... als Belgien. **14.** *groß:* Wie heißt das ... Land Europas? **15.** *alt:* Die Pyramiden sind die ... Bauwerke der Welt. **16.** *alt:* Oder gibt es noch ...? Ich kenne keine ... Bauwerke als die Pyramiden. **17.** *jung:* Helga ist ... als Fritz. **18.** *jung:* Wer ist hier der/die ...? **19.** *alt:* Sind Sie ... als ich? **20.** *niedrig:* Ein Hügel ist ... als ein Berg. **21.** *hoch:* Wie heißt der ... Berg der Erde? **22.** *hoch:* Die Anden sind ... als die Alpen.

Zur Kontrolle

T 241: 1. längerer 2. höherer 3. schnelleres 4. größerer 5. schöneres 6. breitere, höhere

T 242: 1. schnellsten 2. größte 3. längste 4. höchste 5. schönste 6. teuerste 7. beste 8. meisten 9. langsamsten 10. kleinsten 11. häßlichsten 12. schlechtesten

T 243: 1. schneller 2. schnellsten 3. langsamer 4. langsamste 5. billiger 6. billigste 7. teurer 8. teuerste 9. teurer 10. kleiner 11. kleinerer 12. kleinsten 13. größer 14. größte 15. ältesten 16. ältere, älteren 17. jünger 18. Jüngste 19. älter 20. niedriger 21. höchste 22. höher
→ R 57, R 58, R 59, R 16, R 62

T244 *Bilden Sie die Komparativ- und die Superlativformen!*

1. *wenig:* Frauen verdienen leider immer noch ... Geld als Männer. **2.** *wenig:* Ungelernte Arbeiter verdienen das ... Geld. **3.** *viel:* In welchem Land wohnen die ... Menschen? **4.** *viel:* Hat die Bundesrepublik ... Einwohner als Ihr Land? **5.** *viel:* Wer viel Geld hat, hat auch ... Sorgen. **6.** *gern:* Ich trinke Kaffee ... als Tee. **7.** *oft:* Mein Kollege fehlt ... in der Firma als ich. **8.** *gern:* Was ißt du am ...? **9.** *viel:* Wo findet man das ... Erdöl? **10.** *gern:* Was tun Sie am Wochenende am ...?

Zur Kontrolle

T 244: 1. weniger 2. wenigste 3. meisten 4. mehr 5. mehr 6. lieber 7. öfter/häufiger 8. liebsten 9. meiste 10. liebsten

→ R 61, R 63: Die Adverbien *gern* und *oft* bilden ebenfalls Komparationsformen.

Grundform	(als Attribut)	Komparativ	Superlativ
schnell	(schnell-)	schnel**ler**	der/das/die schnell**st**- ...
weit	(weit-)	wei**ter**	der/das/die wei**test**- ...
teuer	(teur-)	teu**rer**	der/das/die teuer**st**- ...
dunkel	(dunkl-)	dunk**ler**	der/das/die dunkel**st**- ...
lang	(lang-)	**lä**nger	der/das/die **lä**ngst- ...
alt	(alt-)	**ä**lter	der/das/die **ä**ltest- ...
groß	(groß-)	gr**ö**ßer	der/das/die gr**ö**ßt- ...
hoch	(hoh-)	hö**h**er	der/das/die hö**ch**st- ...
nah	(nah-)	n**ä**her	der/das/die n**äch**st- ...
viel/viele	(viel-)	**mehr**	der/das/die **meist**- ...
gut	(gut-)	**besser**	der/das/die **best**- ...
gern		**lieber**	am **liebsten**
oft		öfter/**häufig**er	am **häufig**sten

Das Nomen

T245 *Bezeichnen folgende Nomen männliche oder weibliche Personen? Welchen Artikel haben die Nomen (maskulin/neutral/feminin)?*

1. Beamtin, Besuch, Exzellenz, Filmstar, Fotomodell 2. Frau, Fräulein, Gast, Geisel, Kind 3. Lehrer, Lehrerin, Mädchen, Majestät, Mann 4. Männchen, Mannequin, Paar, Pärchen, Staatsoberhaupt

T246 *Folgende Nomen bezeichnen Gegenstände und Begriffe. Welcher Artikel?*

1. Arbeit, Armut, Butter, Dollar, Ei 2. Eigentum, Essen, Frieden, Frühjahr, Gebirge 3. Gold, Hochmut, Käse, Land, Marke 4. März, Nacht, Reichtum, Rose, Sonne 5. Staat, Stadt, Süden, Tag, Tisch 6. Türkei, Universität, Wissenschaft, Wohnung, Wort

T247 *Folgende Nomen gehören unterschiedlichen Nomenklassen an und haben dadurch unterschiedliche Bedeutungen. Kennzeichnen Sie mit Hilfe des Artikels die Nomenklasse, und stellen Sie im Wörterbuch die Bedeutungsunterschiede fest!*

1. Bund, Erbe, Flur 2. Gehalt, Kiefer, Kunde 3. Leiter, Mark, Band 4. Schild, See, Steuer 5. Tau, Tor, Verdienst

Zur Kontrolle

T 245: 1. die, der, die, der, das 2. die, das, der, die, das 3. der, die, das, die, der 4. das, das, das, das, das

T 246: 1. die, die, die, der, das 2. das, das, der, das, das 3. das, der, der, das, die 4. der, die, der, die, die 5. der, die, der, der, der 6. die, die, die, die, das

T 247: 1. der/das, der/das, der/die 2. der/das, der/die, der/die 3. der/die, das/die, der/das 4. der/das, der/die, das/die 5. der/das, der/das, der/das
→ R 31, R 32: Da die Zuordnung zu den Nomenklassen kein grammatisches, sondern ein lexikalisches Problem ist, ist es ratsam, in Zweifelsfällen ein Wörterbuch zu benutzen. Im Deutschen beziehen sich die Nomenklassen auf die Wörter und nicht auf die Personen oder Dinge, die sie bezeichnen. Der Gebrauch der Personalpronomen hängt ebenfalls von der Nomenklasse des Nomens ab, auf das sich das Pronomen bezieht. → R 39
Eine Vielzahl von Nomen läßt sich nach den Suffixen oder Endungen ziemlich eindeutig den Nomenklassen zuordnen.

Maskulin sind Nomen mit Endungen
-ig (König, Honig), -ling (Schmetterling, Liebling)
-and (Doktorand), -ant (Protestant), -är (Aktionär), -ast (Gymnasiast), -eur (Amateur), -(i)ent (Klient, Student), -ier (Offizier, auch: Bankier), -iker (Fanatiker), -ikus (Musikus), -ismus (Kommunismus), -ist (Anarchist), -or (Motor)

Feminin sind Nomen mit den Endungen
-ei (Bäckerei), -in (Schülerin), -heit (Gesundheit), -keit (Höflichkeit), -schaft (Freundschaft), -ung (Wohnung)
-a (Kamera), -ade (Olympiade), -age (Garage), -ance (Renaissance), -anz (Arroganz), -elle (Zitadelle), -ette (Tablette), -euse (Balletteuse), -ie (Pinie, auch: Lotterie), -(i)enz (Audienz, Existenz), -(i)ere (Portiere, Misere)
-ik (Musik), -ille (Kamille), -ine (Maschine), -ion (Station), -isse (Kulisse), -(i)tät (Universität, Fakultät), -itis (Bronchitis), -ive (Alternative), -ose (Neurose), -sis (Basis), -ur (Kultur), -üre (Broschüre)

Neutral sind Nomen mit den Endungen
-chen (Mädchen), -lein (Fräulein), -tel (Drittel), -tum (Eigentum)
-ett (Ballett), -o (Auto), -(i)um (Stadium, Datum), -ma (Klima), -ment (Dokument, auch: Appartement)

Bei diesen Nomen sind auch Ausnahmen möglich.

Deklinationsformen

T248 *Setzen Sie die Nomen mit den Artikeln ein!*

1. das Kind: für ... **2.** der Junge: für ... **3.** der Frieden: für ... **4.** der Student: für ... **5.** der Klub: für ... **6.** der Professor: für ... **7.** der Kollege: für ... **8.** der Neffe: für ... **9.** der Hund: für ... **10.** der Direktor: für ...

T249 wie T248 **1.** der Kollege: mit ... **2.** das Auto: mit ... **3.** die Busse: mit ... **4.** die Fahrräder: mit ... **5.** die Frauen: mit ... **6.** die Leute: mit ... **7.** die Eltern: mit ... **8.** die Kinder: mit ... **9.** der Professor: mit ... **10.** der Wagen: mit ...

T250 *Setzen Sie die Nomen als Genitivattribute ein!*

1. das Kind: der Vater ... **2.** der Student: das Zimmer ... **3.** der Professor: die Tochter ... **4.** der Wagen: der Besitzer ... **5.** der Kollege: die Wohnung ... **6.** der Chef: im Büro ... **7.** der Glaube: die Welt ... **8.** der Staat: das Oberhaupt ... **9.** der Doktor: die Adresse ... **10.** dieser Name: Ich kenne hier keinen Doktor ...

Zur Kontrolle

T248: 1. das Kind 2. den Jungen 3. den Frieden 4. den Studenten 5. den Klub 6. den Professor 7. den Kollegen 8. den Neffen 9. den Hund 10. den Direktor

T249: 1. dem Kollegen 2. dem Auto 3. den Bussen 4. den Fahrrädern 5. den Frauen 6. den Leuten 7. den Eltern 8. den Kindern 9. dem Professor 10. dem Wagen

T250: 1. des Kindes 2. des Studenten 3. des Professors 4. des Wagens 5. des Kollegen 6. des Chefs 7. des Glaubens 8. des Staates 9. des Doktors 10. dieses Namens
→ R 33

Pluralformen

T251 *Bilden Sie die Pluralformen!*

1. der Beruf, der Journalist, das Jahr **2.** die Zeitung, der Professor, der Park **3.** der Krimi, der Lehrer, die Klasse **4.** der Bericht, der Sohn, die Freundin **5.** das Hotel, das Zimmer, die Nacht **6.** der Mensch, der Freund, das Land **7.** der Tag, die Tochter, das Kind **8.** der Lkw (Lastkraftwagen), das Moped (Leichtmotorrad), das Fahrrad **9.** das Volk, der Ski, der Tourist **10.** das Café, das Restaurant, die Wohnung

T252 *Bilden Sie die Singularformen!*

1. die Lehrer, die Männer, die Regeln **2.** die Länder, die Mädchen, die Schmerzen **3.** die Karten, die Pläne, die Bilder **4.** die VWs (Volkswagen), die Motoren, die Briefe **5.** die Schlüssel, die Banken, die Bänke **6.** die Köpfe, die Nächte, die Studentinnen **7.** die Bücher, die Hefte, die Maschinen **8.** die Jungen, die Sprachen, die Besucher **9.** die Büros, die Firmen, die Museen **10.** die Minister, die Ministerien, die Kirchen

Zur Kontrolle

T 251: 1. die Berufe, die Journalisten, die Jahre 2. die Zeitungen, die Professoren, die Parks 3. die Krimis, die Lehrer, die Klassen 4. die Berichte, die Söhne, die Freundinnen 5. die Hotels, die Zimmer, die Nächte 6. die Menschen, die Freunde, die Länder 7. die Tage, die Töchter, die Kinder 8. die Lkws, die Mopeds, die Fahrräder 9. die Völker, die Skier, die Touristen 10. die Cafés, die Restaurants, die Wohnungen

T 252: 1. der Lehrer, der Mann, die Regel 2. das Land, das Mädchen, der Schmerz 3. die Karte, der Plan, das Bild 4. der VW, der Motor, der Brief 5. der Schlüssel, die Bank, die Bank 6. der Kopf, die Nacht, die Studentin 7. das Buch, das Heft, die Maschine 8. der Junge, die Sprache, der Besucher 9. das Büro, die Firma, das Museum 10. der Minister, das Ministerium, die Kirche
→ R 34: Fremdwörter auf *-(i)um* bilden den Plural vielfach auch mit *-(i)en: das Museum – die Museen, das Ministerium – die Ministerien.*
Da die Pluralbildung ein lexikalisches Problem ist, ist es ratsam, in Zweifelsfällen ein Wörterbuch zu Rate zu ziehen.

Die „Großschreibung"

T253 *Im folgenden Textausschnitt ist mit Ausnahme der Satzanfänge alles „klein" geschrieben. Verbessern Sie den Text, indem Sie die Nomen mit großen Anfangsbuchstaben kennzeichnen!*

Während einige die spracherlernung wesentlich für eine sache der grammatik halten, fallen andere in ein entgegengesetztes extrem und glauben, sie sei in erster linie eine frage des „vokabulars" – so, als wenn eine sprache nicht mehr wäre als ein sack voller wörter. Nun weiß man natürlich, daß es einem möglich ist, alle wörter in einem fremdsprachigen satz zu verstehen, ohne daß man weiß, was der satz aussagt. Wortschatzkenntnis reicht nicht aus; man muß ebenso wissen, auf welche weise eine sprache mit hilfe ihrer grammatik wörter zusammenstellt und gruppiert.
Mit diesem hinweis soll die wichtigkeit des vokabellernens nicht unterschätzt werden; die aneignung des wortschatzes ist für jeden sprachschüler ein wichtiges und ernstes problem. Wie kann es am besten gelöst werden? Zu beginn der fremdsprachenerlernung besteht die beste bisher ermittelte methode darin, sich das vokabular durch aktives sprechen und einüben von dialogen anzueignen. Hier liegt der schwerpunkt auf der tatsächlichen benutzung und der lebendigen anwendung der sprache, nicht hingegen auf dem auswendiglernen langer wörterlisten mit deutscher übersetzung. (aus: Moulton/Freudenstein: *Wie lernt man fremde Sprachen?*, Dortmund 1972)

Zur Kontrolle

T 253: Nomen in diesem Text sind: *Spracherlernung, Sache, Grammatik, Extrem, Linie, Frage, Vokabulars, Sprache, Sack, Wörter, Wörter, Satz, Satz, Wortschatzkenntnis, Weise, Sprache, Hilfe, Grammatik, Wörter, Hinweis, Wichtigkeit, Vokabellernens, Aneignung, Wortschatzes, Sprachschüler, Problem, Beginn, Fremdsprachenerlernung, Methode, Vokabular, Sprechen, Einüben, Dialogen, Schwerpunkt, Benutzung, Anwendung, Sprache, Auswendiglernen, Wörterlisten, Übersetzung.*
Die „Großschreibung" der Nomen ist ein wichtiges optisches Mittel, um im Deutschen den Satzbau überblicken zu können, der im Gegensatz zu anderen Sprachen sehr variabel ist.